Andi Weiss (Hg.)
Bis ans Ende der Welt

Über den Herausgeber

Andi Weiss ist auf zahlreichen Konzerten und
Veranstaltungen als Songpoet und Geschichtenerzähler
unterwegs. Die andere Hälfte seiner Zeit berät und
begleitet er als Coach und Logotherapeut Menschen in
Krisensituationen und unterstützt Firmen in der Förderung
ihrer Führungskräfte. Auch als Buchautor hat er sich bereits
einen Namen gemacht. Von der renommierten Hans-
Seidel-Stiftung wurde er mit dem „Nachwuchspreis für
Songpoeten" ausgezeichnet.
Andi Weiss ist verheiratet und lebt mit seiner Frau und
seinem Sohn in der Nähe von München. Er engagiert
sich für die Hilfsorganisation *Opportunity International
Deutschland.*

Mehr Informationen über den Autor, Logotherapeuten und
Künstler finden Sie unter *www.andi-weiss.de* und
www.trauer-sucht-trost.de

Andi Weiss (Hg.)

Bis ans Ende der Welt

Wahre Geschichten,
die Hoffnung schenken

GerthMedien

Seid gewiss:
Ich bin bei euch alle Tage bis zum Ende der Welt.

– Jesus (Matthäus 28,20)

In jeder Nacht, die mich umfängt,
darf ich in deine Arme fallen.
Und du, der nichts als Liebe denkt,
wachst über mir, wachst über allen.
Du birgst mich in der Finsternis,
dein Wort bleibt noch im Tod gewiss.

– Jochen Klepper

Inhaltsverzeichnis

Liebe Leserin, lieber Leser!

Herzlich willkommen in diesem *wunder*baren Buch!

Hier erzählen ganz unterschiedliche Menschen von ganz unterschiedlichen Alltagswundern. Was alle Geschichten miteinander verbindet, ist die wundersame Erfahrung, dass Menschen wieder neu Hoffnung finden und so über sich hinauswachsen können. Hier finden sich viele verschiedene Begebenheiten und Erlebnisse, die zeigen, dass das Leben unerwartete, wundersame Wendungen nehmen kann. Auch dann, wenn Situationen schon längst aussichtslos schienen.

Normalerweise sollte ein Vorwort in einem Buch ja zeitlos sein. Aber gerade schreibe ich diese Zeilen nach vielen Corona-Monaten und immer noch mitten in der Pandemie. Seit einigen Wochen herrscht Krieg auf europäischem Boden und ich höre in den vielen Beratungsgesprächen, die ich tagtäglich mit Menschen führe, wie groß das Entsetzen, aber auch die eigene Angst ist. Die Bilder, die wir gerade im Fernsehen sehen, verstören und machen mich sprachlos. Mitten in diesen schwierigen Zeiten möchte ich mich gemeinsam mit den Autorinnen und Autoren in diesem Buch auf die Suche nach dem „Licht am Ende des Tunnels" machen. Möchte fragen, was uns Menschen auch in diesen Stürmen trotzdem hoffen, trotzdem glauben und trotzdem leben lässt.

Im Konzentrationslager in Buchenwald wurden zwei Häftlinge beauftragt, ein Lied über das Lager zu schreiben. Daraus wurde später die berühmte „Buchenwald-Hymne". Da heißt es: „Halte Schritt, Kamerad, und verlier nicht den Mut, denn wir tragen den Willen zum Leben im Blut und im Herzen, im Herzen den Glauben!" Und später im Refrain: „O Buchenwald, wir jammern nicht und klagen, und was auch unsere Zukunft sei – wir wollen trotzdem Ja zum Leben sagen, denn einmal kommt der Tag – dann sind wir frei!" Welche Worte und was für eine Hoffnung in einer so lebensfeindlichen Umgebung!

Jesus sagt: „Seid getrost, ich bin bei euch bis ans Ende der Welt." Das ist viel mehr als nur eine billige Vertröstung. An dieses Versprechen können wir uns gegenseitig immer wieder erinnern. Nicht mit einfältigen Floskeln, nicht mit einem sorglosen „Du brauchst doch keine Angst zu haben!", sondern durch gemeinsames Ringen, durch das Suchen und Finden von tragfähigen Antworten. Dazu braucht es Geschichten. Wenn wir beginnen, unsere Nöte und Sorgen, unser Schaffen und Scheitern, unsere Erfolge und Brüche erzählend zu teilen, dann beginnen wir, gemeinsam nach Trost zu suchen, und werden dabei feststellen: Wir sind nicht allein – und wir waren es nie!

Der deutsche Theologe Dietrich Bonhoeffer, der von den Nationalsozialisten ermordet wurde, betete ein berührendes Gebet in seiner Zelle. Dieses Gebet begleitet mich schon seit vielen Jahren und in diesen Tagen ganz besonders. Ich muss meine eigene Dunkelheit nicht verschweigen. Ich darf bei

Gott ehrlich und offen meine Zweifel, meine Angst, meine Sorgen und mein Scheitern benennen. Und mitten in den Stürmen des Lebens trotzdem einen Halt finden, der weit über alle Alltagssorgen hinaus tragfähig ist.

> *„In mir ist es finster, aber bei dir ist Licht;*
> *ich bin einsam, aber du verlässt mich nicht;*
> *ich bin kleinmütig, aber bei dir ist Hilfe;*
> *ich bin unruhig, aber bei dir ist Frieden;*
> *in mir ist Bitterkeit, aber bei dir ist Geduld;*
> *ich verstehe deine Wege nicht,*
> *aber du weißt den rechten Weg für mich."*

Bleiben Sie behütet!
Ihr
Andi Weiss

LICHT AM ENDE DES TUNNELS

Ich weiß, der Sturm wird grade stärker,
und du glaubst, du schaffst das nicht.
Jeder Sinn bleibt dir verborgen.
Du sehnst dich so sehr nach mehr Licht.

Du tastest still im Dunkeln weiter,
Du suchst verzweifelt nach deinem Glück.
Doch alle Pläne sind gescheitert,
Du weißt, es gibt jetzt kein Zurück.

Ich weiß, du wolltest noch so viel machen,
so viel lachen, noch so viel tun.
Und aus dem schönsten Sommerregen
wird gerade ein Monsun.
Auch wenn jetzt alle Stricke reißen,
auch wenn dir gar nichts mehr gelingt –
dann hör auf dieses kleine Lied hier,
das jetzt in deinem Herz erklingt.

Ich weiß, da ist ein Licht am Ende des Tunnels.
Und es scheint für dich, auch wenn alle Winde wehn.
Ich weiß, in dir liegt so viel Gesundes
und du wirst auch diesen Sturm hier überstehn.
Ich weiß, du wirst auch diesen Sturm hier überstehn.

Ich weiß, noch bohrt in dir der Zweifel,
ich weiß, noch lähmt dich deine Angst.
Und wird der Sturm auch grade stärker,
es kommt der Tag, an dem du tanzt.

In dir liegen große Schätze
und die kann niemand zerstörn.
Ich weiß, in deinem Herzen klingt es.
Und ich hoff, du kannst es hörn?

Text und Melodie: © ANDI WEISS, www.andi-weiss.de
(Aus der CD: „WEIL IMMER WAS GEHT")

Verblüffung am Ende der Welt

Was mache ich denn ausgerechnet hier in Blumental im Chaco Paraguays, am Ende der Welt? Wir schreiben Karfreitag, den 6. April 2012. Hinter mir liegt eine lange Reise. Erst mit dem Flieger von Frankfurt aus rund 11.000 Kilometer bis nach Asunción, der Hauptstadt des südamerikanischen Landes Paraguay. Dann mit einem Auto aus der Stadt heraus und mehrere Stunden lang auf der fast schnurgeraden Asphaltpiste, überwiegend durch menschenleere Wildnis bis nach Fernheim, eine der mennonitischen Kolonien in der Chaco-Region.

Der Chaco ist ein riesiges, sehr dünn besiedeltes Gebiet in der Grenzregion zwischen Paraguay, Bolivien und Argentinien. Oft extrem heiß, trocken, übersät mit struppigen Dornbüschen. Hier haben in den letzten Generationen mutige Mennoniten aus Europa unter schier unsäglichen Strapazen ihre „Kolonien" errichtet. Hier wollten und wollen sie frei und fröhlich ihren Glauben und ihre pazifistische Lebenshaltung ausüben, was sie in der alten Heimat (ganz ursprünglich in Nordfriesland, dann für einige Jahrhunderte in Osteuropa) nicht durften.

Noch vor einhundert Jahren – so erfahre ich – gab es hier nur Trockenheit und Hitze. Lediglich eine Handvoll Einheimischer zog von Wasserloch zu Wasserloch durch die menschenverachtende Gegend oder unterhielt kleine landwirtschaftliche Betriebe. Heute aber ist die Region durch hart arbeitende Mennoniten im Sinne des Wortes „aufgeblüht". Vor den Nachkommen der Pioniergeneration darf ich nun bei mehreren Veranstaltungen singen und heute mit ihnen in Blumental Gottesdienst feiern.

Dazu sind wir von Philadelphia aus am Karfreitagmorgen noch einmal eine gute Stunde mit dem Auto unterwegs. Wir holpern über eine Sandpiste, die so aussieht, als wolle sie uns ins Nirgendwo führen. Oder – so überlege ich – bis zu einem Bretterzaun mit der Aufschrift: „Ende der Welt. Weiterfahrt auf eigene Gefahr".

Nach viel Ruckelei und Staub kommen wir am Ziel an, steigen aus, recken und strecken unsere Glieder. Blumental also. In the middle of nowhere. Ein paar wenige Gebäude. Rund herum trockenes Gestrüpp. Zwei, drei Sandpisten, die von verschiedenen Richtungen herkommen und sich hier kreuzen. Na, super. Was mache ich denn ausgerechnet hier in Blumental, wo sich kaum eine Menschenseele zeigt?

Den Musikgottesdienst zu Karfreitag werde ich zusammen mit zwei jungen Musikern aus der Mennonitengemeinde gestalten, die mich an Klavier und Gitarre begleiten, außerdem mit einer geübten Sprecherin des deutschsprachigen Radios ZP 30, die Bibeltexte liest. Anlage, Leinwand, Beamer, alles ist zügig in dem geräumigen Gemeindehaus aufgebaut. Ein kurzer Soundcheck noch, dann heißt es warten. Ich gestehe:

Dabei werden meine Zweifel an der Aktion von Minute zu Minute größer.

Noch 15 Minuten vor dem Gottesdienst hat sich kaum ein Besucher eingefunden. Aber dann strömen sie plötzlich wie auf Kommando herbei. Wolken von Sand und Staub fliegen gen Himmel und kündigen jedes einzelne Fahrzeug an. Die Kirche füllt sich in Windeseile. Und dann geht es los, mit deutscher Pünktlichkeit und keineswegs mit lateinamerikanischer „Lockerheit". Während des Vorspiels der beiden Musiker sehe ich mich um und kann es kaum glauben: Etliche Hundert Menschen feiern mit uns einen musikalischen Passionsgottesdienst. Festtäglich gekleidete Frauen, Männer, Jugendliche und Kinder sitzen dicht gedrängt.

Ob sie etwas anfangen können mit meiner Art zu formulieren, zu moderieren, geistliche Inhalte in Musik umzusetzen? Ich gestehe, dass ich unsicher bin. Ein Sprachproblem gibt es nicht. Muttersprache der Menschen hier ist eine spezielle Form von „Plattdeutsch", das sie aus der norddeutschen Heimat ihrer Vorvorfahren mitgebracht haben. Ihr „Hochdeutsch" fürs Gespräch mit Menschen wie mir klingt für meine Ohren etwas eingerostet, mit osteuropäisch anmutender Sprachmelodie und gelegentlichen spanischen Brocken. Aber wir verstehen einander bestens. Die Zuhörerinnen und Zuhörer jedenfalls hören konzentriert zu. Sie wirken dabei auf mich ernst, fast verschlossen. Ich sehe in die wettergegerbten Gesichter von Landwirten, Viehzüchtern, Handwerkern und ihren Familien, die hier ein hartes Leben unter extremen Bedingungen führen. Und mit denen mich zumindest auf den ersten Blick nicht viel mehr als eine ähnliche Sprache und der Glaube verbinden.

Dann die absolute Überraschung für mich, als wir das Lied „Unser Vater" anstimmen: 1994 haben wir dieses Lied veröffentlicht (den Text habe ich zum „Vaterunser"-Gebet geschrieben, die Melodie stammt von Hans-Werner Scharnowski). Jetzt möchte ich versuchen, den Menschen hier in Blumental den eingängigen Refrain beizubringen. Doch das ist nicht nötig. Zu meiner großen Verblüffung steht die versammelte Gemeinde auf und singt das Lied lautstark mit: „Vater, unser Vater, alle Ehre deinem Namen. Vater, unser Vater, bis ans Ende der Zeiten. Amen!" – mehrstimmig, überwiegend auswendig, voller Inbrunst. Ich begreife: Mein Lied ist längst vor mir angekommen in Blumental. Hier, ziemlich nahe am (gefühlten) Ende der Welt. Unglaublich.

Mir steigen beim Singen Tränen in die Augen. Gedanken und Gefühle überrollen mich. Ich entsinne mich an manche Stunde auf einem der Hügel am See Genezareth. Dort, wo irgendwo auf einer Anhöhe Jesus den Menschen nicht nur die gewaltige Botschaft der Bergpredigt mitgab, sondern ihnen speziell auch das wertvolle persönliche Gebet anvertraute, das für die Menschen damals und für uns heute als Einstieg ins Gespräch mit unserem himmlischen Vater dienen kann. Von dieser abgelegenen Gegend im alten Israel aus hat dieses

Gebet eine unfassbar weite Verbreitung gefunden, bis hierher nach Blumental und weit darüber hinaus. In unzähligen Sprachen und in vielen Formen hat sich die wichtige Nachricht verbreitet: Wir dürfen Vater sagen zu Gott, dürfen ihm unsere Sorgen um Nahrung und Versorgung hinlegen, dürfen um Vergebung bitten, uns dankbar an seine Macht und seinen Einfluss erinnern und ihm gemeinsam die Ehre erweisen, die ihm zusteht.

Und das genau tun wir jetzt, hier in Blumental, die Gemeinde und wir Gäste. Das Gebet, das wir gemeinsam singen, hat hier die gleiche tiefe Bedeutung wie einst am See Genezareth. Mein kleines Lied ist ein Vehikel für die große Botschaft des Gebets. Es erinnert mich und andere an die tiefen Wahrheiten des Vaterunsers. Und hat erstaunlich schnell seinen Weg aus Deutschland bis hierher geschafft.

Diese Erfahrung in Blumental werde ich nie vergessen. Auch wenn es zwischen mir und den Geschwistern aus den Mennonitenkolonien dort einiges an Unterschieden geben mag, auch wenn wir sicher unterschiedlich denken über manchen Musikstil, manche theologische und ethische Frage, selbst über Kleidung und manche Umgangsform. Doch wenn wir miteinander singen, feiern und beten, spüren wir etwas von der Einheit, die Gottes Geist möglich macht.

Wenn ich mich recht entsinne, verließ ich Blumental tief dankbar und zugleich ausgesprochen nachdenklich. Und wenn ich seitdem davon höre, dass die gute Botschaft Jesu auch „die Enden der Erde" erreicht und „bis ans Ende aller Zeiten" gelten wird, dann erinnere ich mich gerne an die Überraschung in Blumental. Beinahe am „Ende der Welt".

Christoph Zehendner (61), Journalist und Liedermacher, Kloster Triefenstein bei Würzburg, www.christoph-zehendner.de

Der Bär, der Frosch und Onkel Jesus

Eine ziemlich alte Ärztin, wahrscheinlich schon eine Legende der Kinderabteilung, lud uns in ihre Praxis ein. Sie betastete meinen Bauch und sagte zu meiner Mutter: „Wissen Sie, ich würde ihn am liebsten hierbehalten!" Für mich waren das schöne Worte! Warum meine Mutter dabei zu weinen begann, konnte ich gar nicht verstehen. Ich dachte, dass die alte Frau mich so toll findet, dass sie mich gern für sich selbst behalten würde. Erst viel später, als sich schon die zweite Operation näherte, verstand ich, dass „hierbehalten" bedeutete, noch mindestens zehn Tage im Krankenhaus zu bleiben – mit noch einer zusätzlichen Operation. Schon als ich den Pyjama mit dem Pünktchenmuster, der viel zu kurz für mich war, ausgehändigt bekam, wollte ich am liebsten nach Hause.

Eines Tages wurde ein siebenjähriger Junge zu mir ins Krankenzimmer gebracht. Ich selbst war damals schon acht. Er hatte schwarze, dauergewellte Haare und ich nahm an, dass er sich seine Haare aufwickelte. Man kann ja nie wissen. Heutzutage laufen sehr viele merkwürdige Leute herum und ich dachte, er wäre einer von diesen seltsamen Menschen. Meine Tante hatte auch Lockenwickler und bei jeder passenden Gelegenheit nahm ich ihr einen weg und versuchte, mir damit die Haare aufzuwickeln, um herauszufinden, ob eine solche Frisur zu mir passen würde. Es gelang mir aber nie.

Mit Jure, so hieß mein neuer Nachbar im Krankenzimmer, freundete ich mich schnell an. Noch heute glaube ich, dass es an der Suppe und an dem Tee lag. Ich weiß nicht mehr genau, was das für eine Suppe war, aber ich bildete mir ein, dass Frösche darin schwimmen würden. Damals mochte ich überhaupt keine Suppen. Deshalb wurde ich von meinem neuen Freund „Frosch" genannt. Da er häufig vor allen Krankenschwestern aus vollem Halse brüllte, nannte ich ihn „Bär". So gab es im Krankenhaus nun einen Frosch und einen Bären. Wir waren ein gutes Team!

Oft spielten wir das „Warenwechselspiel". Er gab mir sein Buch und ich ihm mein Spielzeug. Wir waren beide glücklich. Ich bekam wieder ein neues Buch, er wieder ein neues Spielzeug. Aus seinem Buch, das jetzt ganz mir gehörte, schnitten wir die Bilder aus, ließen aber den Text darin, damit ich ihm vorlesen konnte, und er hörte zu.

Weil wir oft sehr laut waren, schimpfte die Krankenschwester mit uns und sagte, wir seien nicht die einzigen Kranken hier. Sie hatte fettige Haare und war die Oberschwester. Deshalb hatten wir vor ihr ganz besonders Angst. Aber die Tage im Krankenhaus waren nicht immer so schön. Besonders an dem Tag nicht, als die zehn Halbliterflaschen mit Infusion für Jure gebracht wurden. Zytostatika (die Medizin, die das Zellwachstum bzw. die Zellteilung hemmt) flossen mehrere Stunden in seine Adern, ohne dass er sich dabei überhaupt bewegen konnte.

Die Nebenwirkungen waren sehr schlimm. Jedes Mal wenn er sich übergeben musste, hatte er verständlicherweise keine

Lust mehr zum Spielen oder zum Lachen. Ich hatte dann auch keine Lust mehr. Manchmal sagte er mit einem sanften Lächeln: „Hey, ich spucke wie ein Reiher." Am schlimmsten war es, wenn er sich im halb wachen Zustand übergeben musste. Während er mit einer Infusion ans Bett gefesselt war, las ich ihm das Märchen vom „Wolf und den sieben Geißlein" vor.

Die erste und stärkste Runde von Jures Chemotherapie dauerte die ganze Woche. Als er langsam wieder essen konnte, befasste er sich meistens mit dem Schälen eines hart gekochten Eis und mit dem Streichen von Pflaumenmarmelade aufs Brot. Er wollte nicht, dass das jemand anderer tut, weil er ganz glücklich war, wenn er es allein schaffte. „Hey, Frosch, ich habe das Ei ganz allein geschält!", rief er mir zu und ich klatschte. Diese große Freude musste man teilen!

Nach dem Frühstück teilte uns ein Arzt mit, dass man uns am nächsten Tag operieren würde. In dieser Nacht konnten wir nicht schlafen. Wir wälzten uns im Bett hin und her. Gerieten in Panik und fingen an, so laut zu schreien, dass die Krankenschwestern in unser Zimmer liefen, um nach uns zu schauen. Im Morgengrauen bereiteten sie uns auf die Operation vor. Wir bekamen keinen Tee, sondern ein Beruhigungsmittel, lagen in unseren Betten und warteten, dass man uns abholte. Das war ein merkwürdiges Gefühl. Dann erschien eine dicke Krankenschwester und sagte: „Es geht los!" Auch die anderen Krankenschwestern von unserer Station kamen zu uns und sagten: „Viel Glück und nur nicht nachlassen!" Ich wusste nicht, was sie uns damit sagen wollten, und denke, dass auch

Jure es nicht verstand. Wir sollten nicht nachlassen? Natürlich verließen wir unsere Betten nicht – wir hielten uns sogar daran fest!

Wir wurden in den kleinen Operationssaal gebracht und auf diesem Weg passierte etwas Ungewöhnliches. An den Wänden der langen Gänge waren Gemälde aufgehängt. Damals konnte ich überhaupt noch nicht verstehen, was die Bilder zu bedeuten hatten. Ich dachte, dass viele davon Kinder gemalt hatten. Ich war überzeugt, dass mein damals zweijähriges Schwesterherz auch eine große Malerin sei. Auf manchen Bildern konnte man Menschen sehen. Fast alle hatten Bärte und waren alt. Das letzte war am interessantesten. Die gemalte Gestalt war ganz blutig, mit gesenktem Kopf, und man konnte daraus schlussfolgern, dass diese Person sehr litt.

„Wer ist denn dieser Onkel?", fragte Jure überrascht. Die dicke Krankenschwester, die uns auf einmal viel freundlicher erschien, antwortete ihm: „Das ist Gott." „Das ist unmöglich. Der Gott kann nicht so aussehen. Wenn das der Gott wäre, würde er schön aussehen und er würde lächeln. Dieser da sieht aber nicht so aus!", bekundete Jure unwillig. Die Krankenschwester fragte dann: „Wen würdest du denn jetzt, wo du krank bist, lieber wählen? Den, der lächelt und fröhlich ist, oder den, der leidet?" Und Jure, der brüllende Bär, erwiderte: „Zu diesem Onkel!", und er deutete auf Jesus. „Er will dir sagen, dass er mit dir ist", sagte die Krankenschwester leise zu ihm und fuhr ihn in den Operationssaal. „Dann ist es in Ordnung!", antwortete er und wir alle lachten.

Nach zwei Wochen wurden wir aus dem Krankenhaus entlassen. Jesus nannten wir von da an „Onkel Jesus". Und ich denke, dass es ihm sogar gefiel, denn er hat Kinder gern. Auch heute, als erwachsene Menschen, begleitet uns diese Gestalt. Obwohl sein Kopf auf dem Gemälde ein bisschen gesenkt war, hielt er seine Augen geöffnet und schaute uns an. Heute sehen wir zwei, wie viel Schmerz und Leiden es gibt und wie viele Fehler die Leute machen. Diese mit dem Pinsel gemalten, warmen, orangen Farben, mit denen sein angenagelter Körper dargestellt war, waren so ausdrucksstark, dass uns seine Gestalt mit seiner Nähe und Menschlichkeit sehr berührte und zu jedem von uns beiden sprach: „Nur keine Angst, denn ich bin bei dir!"

Die Krankheit und die damit verbundenen Schmerzen sind heute noch immer nicht weg, aber mit uns beiden, dem Frosch und dem Bären, bleibt seine uneingeschränkte Liebe.

Simon Emri, Jahrgang 1983 († 2013), Student, Mačkovci (Slowenien)

Du glitzerst!

Weihnachten 2021. Und wieder packe ich meine Geschenke ein – Ehrensache! Für Eva, meine Frau, für meine beiden Kinder, die mittlerweile Teenager sind, und für meinen Bonussohn Ben. Dazu muss ich bemerken, dass ich ein miserabler Einpacker bin. Ich besitze eine bemerkenswerte Unfähigkeit, Geschenkpapier halbwegs gerade und für ein Geschenk angemessen groß zuzuschneiden. Und spätestens beim Versuch, die überstehenden Geschenkpapierzipfel elegant einzuschlagen, lande ich zuverlässig in meinem persönlichen Armageddon. Ein einziges Gewurstel ist das Ergebnis. Egal – ich habe es wenigstens wieder mal versucht. Der gute Wille zählt und so … Doch dieses Mal ist etwas anders. Eva hat wunderschönes Geschenkpapier mit Glitzer besorgt. Und als meine Einpackerei beendet ist und ich zufrieden auf mein Ergebnis blicke, bemerke ich aus dem Augenwinkel, dass mein schwarzes Sweatshirt über und über mit Glitzer bedeckt ist. Wunderschön! Und sehr hartnäckig.

Am Ende eines sehr „gebrauchten" – um nicht zu sagen furchtbaren – Jahres ist dieses Glitzern wie eine Aufforderung an mich, meinen Blick auf das Vergangene zu ändern, zu wandeln, nachzujustieren. Nicht, um das Schwere leichtzureden und das Üble schön. Sondern um es anders zu deuten und es dadurch anzunehmen und zu verarbeiten. Während ich die Geschenke zusammenschiebe, mache ich mir einen Kaffee und setze mich schließlich an unseren überdimensionalen Küchentisch. Die Gedanken beginnen zu fließen …

Wer sich selbst und wunderbare Dinge verschenkt, beginnt selbst zu glitzern. Das habe ich gerade gemerkt. Ich denke, das ist ein Prinzip ganz nach dem Herzen Jesu und seiner frohen Botschaft. Wer sich verschenkt, wird beschenkt. Wer stirbt, wird zum Leben. Wer sich verliert, gewinnt. Das Kind in der Krippe ist König. Die Niederlage am Kreuz ist der größte Sieg aller Zeiten. Kurz: Alles wird auf den Kopf gestellt, wo Jesus auftaucht. Gute Werke und meine Leistung zählen nicht – alles ist Geschenk. Und das Tolle ist: Das gilt auch mir. Und dir natürlich auch. Egal, wie wir uns fühlen.

Du bist lebensmüde? Du glitzerst eigentlich.

Du bist depressiv? Du glitzerst eigentlich.

Traurig? Du glitzerst.

Hast du versagt? Noch mehr Glitzer.

Warum bringe ich diese Beispiele? Weil das meine dominanten Gefühle im Jahr 2021 waren. Und sie kommen alle wieder hoch im Angesicht meiner recht dilettantisch, aber mit Liebe eingepackten Geschenke. Was für ein Jahr! Beruflich ist alles zusammengebrochen – über Monate hinweg immer mehr, immer weiter gehender. Kurz vor Weihnachten dann das endgültige Aus. Als die letzten Monate mir so vor Augen stehen, kommen die ganzen Gefühle erneut hoch. Mir ist durch meine Schuld und die Schuld anderer beruflich einfach der Boden unter den Füßen weggezogen worden. Und diese Gefühle waren und sind meine Wegbegleiter: Traurigkeit. Wut über das Versagen anderer und über mich selbst. Scham, weil ich auch versagt habe. Schmerz. Apathie. Und manchmal sogar Lebensmüdigkeit. Ein ähnliches Gefühlsspektrum kenne ich sonst nur aus der Zeit der Trennung von meiner ersten Frau. Es ist … dunkel, zäh, klebrig und hat einen Sog nach unten. Aber ich schaue gleichzeitig an mir herunter und: Ich glitzere einfach weiter. Denn wo das Dunkel größer wird, wird auch das Licht noch heller. Und das Dunkel kann das Licht niemals auslöschen.

Heißt das nun, dass der Glitzer mich ablenken will vom Schweren? Dass ich vielleicht nur auf den Glitzer schauen soll und das Schwere ignorieren oder leugnen? Nein! Dann wären wir in einer Art frommen Version des positiven Denkens angelangt. Die Botschaft meiner Geschenkepackerei ist so einfach wie revolutionär: Der Glitzer legt sich mitten hinein in das Dunkle und verwandelt es. Wieder und wieder. Jesus hat keine Scheu vor meinem Versagen, vor meiner Schuld. Auch bei dir nicht. Es ist in Ordnung, auch wenn nichts gut ist – für IHN ist alles gut genug. Es glitzert einfach weiter, und alles, was wir tun dürfen, um das zu erkennen, ist: den Blick weiten und Jesus darum bitten, dass er noch eine Schippe Glitzer über uns ausschüttet. Weil wir es so nötig haben. Und je dunkler es wird, desto heller strahlt Gott. Ich habe die Erfahrung gemacht, dass ich, wenn ich am Boden liege (und ich kenne das wortwörtlich) und nur noch kriechen kann, dass ich genau da irgendwann durchbohrte Füße berühre. Diese spannen sich an und ich spüre, wie jemand sich nicht nur hinunterbeugt, sondern sich ebenfalls hinlegt. Mitten hinein in den zähen Bodennebel meines Lebens. Und dann mein Gesicht in seine Hände nimmt und mir einen Kuss auf die Stirn gibt. Ich kann es spüren. Du auch? Er ist da. Immer. Gerade im Dunkel. Vergiss es nie: Du glitzerst. Jesus hat dich „eingeglitzert". Für immer. Und er legt gerne eine Schippe Glitzer nach.

Christof Lenzen, Theologe, Jahrgang 1967, Gera

Ich bin zumutbar!

Vor über drei Jahren hörte ich zum ersten Mal die Lieder von Andi Weiss. Eine Freundin hatte mich zum Konzert mitgenommen. Wenige Tage zuvor hatte ich mich ihr anvertraut, und so wusste sie, wie schlecht es mir wirklich ging. Über Jahrzehnte hatte ich die schwarzen Wolken, die sich in meinem Herzen immer wieder bedrohlich auftürmten, verdrängt oder zumindest so erfolgreich beiseitegeschoben, dass ich irgendwie in meiner Arbeit funktionierte. Meine Freunde waren zwar meine Freunde. Ja, wir tauschten uns aus und teilten, was uns bewegte. Aber die wirklich großen und massiven Wunden meiner Geschichte hatte ich auch vor jenen Menschen erfolgreich verstecken können, die mir scheinbar nahestanden. So sehr schämte ich mich für das, was mir in meinem Leben angetan wurde.

Mein Vater war der erste Mensch, der die schützenden Zäune um mein jugendliches Lebenshaus gewaltvoll einriss, und er sollte nicht der letzte bleiben. Immer wieder kamen Menschen in mein Leben, die mir auf übelste Art und Weise zu verstehen gaben, dass meine Meinung nichts zählte. Mein „Nein" zu Beginn wurde böswillig übergangen und ich landete meist schnell bei einem ohnmächtigen Geschehenlassen. Ich war wehrlos, konnte mich nicht schützen und irgendwann war es mir auch klar: Wenn man so grob und gemein mit mir umging, dann habe ich es wohl einfach nicht anders verdient.

Zu dem besagten Konzertabend mit Andi Weiss ging ich eigentlich eher mehr widerwillig mit. Eigentlich hatte ich für den Tag danach mal wieder einen „Termin" mit mir ausgemacht. „Termine mit mir" nannte ich die Zeiten, in denen ich taugliche Orte auskundschaftete, an denen man seinem Leben gut ein Ende setzen konnte. Ich hatte in den letzten Jahren eine Liste mit Methoden und geeigneten Orten angelegt und war mir sicher, der Moment, an dem ich auf diese Liste zurückgreifen würde, kam immer näher. Bald schon! Hoffentlich! Endlich! Ich hatte die vielen schlaflosen Nächte satt, in denen Albträume und Panikattacken sich die Klinke in die Hand gaben und in denen ich schweißgebadet, laut schreiend, kerzengerade aufrecht in meinem Bett saß, mir das Herz bis zum Halse schlug und ich nach Atemluft rang. Zu oft explodierten die tiefschwarzen Bilder vergangener Tage in meinem Kopf und holten mich ein – meistens dann, wenn ich meinte, es nun endlich geschafft zu haben. Wenn ich hoffte, dass Gestern vom Heute zu trennen, und die tausendfachen Versuche, mir selbst einzureden, dass die Angst, die ich gerade empfand, nichts mit meiner Gegenwart zu tun hatte.

Das Konzert war irgendwie ein Konzert und doch kein Konzert. Es war viel mehr. Andi Weiss sang seine Lieder und erzählte seine Geschichte. Aber es waren eben nicht nur Lieder und Geschichten. Irgendwie saß da vorne ein Mensch, der mich zu kennen schien. Ein Mensch, der keine Angst hatte, große und schwere Themen anzusprechen, und trotzdem in diese dunklen Momente immer wieder einen hoffnungsvollen Lichtstrahl brachte. Diese Furchtlosigkeit vor dem Leben hatte aber nichts Billiges oder Oberflächliches. Mir kam es so vor, dass dieser Mensch da vorne auf der Bühne sehr wohl wusste, wovon er sprach und sang. Da war jemand, der immer wieder dieses mutige Trotzdem erwähnte. Trotzdem Leben leben. Trotzdem Leben gestalten. Trotzdem Sinn finden. Trotz Scherben. Trotz Schmerzen. Trotz Verletzungen. Fast schon gebetsmühlenartig leuchtete dieses große Wort „TROTZDEM" aus allen seinen Geschichten und Liedern. Und ich nahm es ihm ab. Nicht nur, dass er das tatsächlich selbst glaubte, sondern dass er dieses „TROTZDEM" auch selbst so lebte. Als er uns am Ende des Konzertes einlud, den Refrain von „NIE ALLEIN" mitzusingen, traute ich meinen Ohren kaum, als ich meine eigene Stimme plötzlich mit einstimmen hörte: *„Mag deine Welt auch untergehn, dein Tal noch so finster sein. Du bist nie allein!"* Mir kamen die Tränen und ich fing an, wie ein kleines Kind zu schluchzen. Gott sei Dank war der Saal dunkel und man konnte kaum seinen Nachbarn erkennen. Aber irgendwie hätte ich mich auch nicht für meine Tränen geschämt. Zum einen hörte man während des Konzerts immer wieder mal Menschen nach Taschentüchern greifen, da die Geschichten und Lieder von Andi Weiss eben vielen Menschen bei den Konzerten ans Herz gehen. Auf der anderen Seite waren es komischerweise keine traurigen Tränen. Ich fand es schön zu weinen. Heilsam. Es tat so gut. Als hätte mich zum ersten Mal in meinem Leben jemand in den

Arm genommen und hätte mir das ganz persönlich gesagt: „Du bist nicht allein! Nicht allein mit deiner Scheißgeschichte, nicht allein mit all dem Dreck, den man auf dich geladen hat, nicht allein mit all deinen Schmerzen und Wunden, nicht allein mit deiner Scham und deiner Einsamkeit. Du bist nicht allein!" Ich genoss jede einzelne warme Träne, die über meine Wange rollte. Weil die Tränen irgendwie zum ersten Mal in meinem Leben sein durften – weil *ich* irgendwie zum ersten Mal in meinem Leben sein durfte. Mir war es, als würde mich Andi Weiss persönlich mit meiner Geschichte kennen und jede Geschichte und jedes Lied hätte er nur für mich ganz persönlich in mein Leben hineinerzählt und gesungen. Am Büchertisch deckte ich mich mit Büchern und CDs ein und erfuhr in einem Impulsbuch über Krisen, dass Andi Weiss auch Lebensberatung anbot. Leider wohne ich in einer ganz anderen Ecke Deutschlands als er. Doch dann las ich, dass das Angebot auch telefonisch stattfinden kann, und so meldete ich mich und bekam auch schon bald einen Beratungstermin am Telefon. Gut zwei Jahre begleitet mich Andi Weiss nun durch meine stürmischen Zeiten. Er hilft mir dabei, mutig meine Geschichte anzusehen, Respekt vor mir und meiner Lebensleistung zu bekommen, meinen Ängsten zu begegnen und mutig im Leben weiterzugehen. Ich durfte in dieser Zeit auch neu lernen, dass mich nichts wirklich von Gottes Liebe trennen kann. Und so bin ich auf dem langen, mühseligen Weg der Heilung. Vieles tut noch weh. Nicht alles ist in meinem Leben plötzlich gut. Manches wird vielleicht erst nach diesem Leben auf dieser Erde gut werden. Natürlich schrecke ich auch manchmal noch nachts hoch, wenn die Schatten der Vergangenheit ihr Unwesen treiben. Natürlich habe ich Tage, an denen es besser geht, und Tage, an denen mir das Leben schwerfällt. Aber mitten in den stürmischen Zeiten meines Lebens weiß ich: Ich bin nicht allein. Gott trägt mich durch dieses Leben. Er ist da. Mitten in meinem Schmerz. Mitten in meinem Leid. Mitten in meiner Dunkelheit. Und er schickt uns Menschen, die so mutig sind, mit uns diese Dunkelheit auszuhalten und nicht mit billigen Sätzen wegzuwischen.

Neulich rutschte mir am Ende eines Telefonats mit Andi Weiss ein durchaus ernst gemeinter Satz heraus: „Danke, dass ich mich Ihnen zumuten darf!"

Ja, ich bin zumutbar! Ich darf mich zumuten. Mir. Gott. Und anderen Menschen. Und mehr noch: So wie ich mich nicht mehr für mich und meine Geschichte schämen muss, so wie ich mich zumuten darf, so habe ich in der Beratung aber auch gelernt, dass ich jetzt auch anderen Menschen dabei helfen kann, sich zumuten zu lernen. Inzwischen ist es für mich ein Glück, für Frauen, denen Ähnliches passiert ist wie mir, da zu sein. Zuzuhören. Mit auszuhalten.

Anonym

Es war Sommer ...

Es war Sommer, als wir aus unserem gewohnten, vertrauten Leben gerissen wurden. Von einem Moment auf den anderen war nichts mehr wie zuvor und schien völlig unwirklich. Wir waren gerade erst mit unseren drei Töchtern, unserem Schwiegersohn und unserem „Bauchenkel" – unsere mittlere Tochter war hochschwanger – von einem wunderschönen, ganz besonderen Urlaub in den österreichischen Bergen zurückgekehrt. Dort hatten wir den 54. Geburtstag meines Mannes gefeiert.

Und nun? Retroperitoneales Liposarkom, riesengroß, äußerst selten, hochgradig maligne und mit ausgesprochen schlechter Prognose. Noch nie hatten wir von so was gehört. Der Tumor saß im Bauchraum meines Mannes, von wo er sich unbemerkt ausbreitete, ohne irgendwelche Beschwerden zu verursachen. Nur ein starker Husten, den er aus dem Urlaub mitgebracht hatte, ließ ihn einen Arzt aufsuchen. Eine gute Gelegenheit, ihn auf seinen angewachsenen Bauchumfang anzusprechen, der scheinbar über den Sommer einen Wachstumsschub bekommen hatte. Und plötzlich ging alles ganz schnell. Entscheidungen mussten getroffen werden: welche Klinik, welche Therapie, wie soll es jetzt weitergehen? Fragen über Fragen. Ich sammelte Informationen, dazu kam die Sorge und Organisation des Alltags. Ich war völlig überfordert. Als wir wieder einmal nicht weiterwussten, erreichte uns eine Nachricht, die uns zu einem Licht wurde. „Wie auch immer ihr euch entscheidet, Gott wird es für euch gut vorbereitet haben." Ja, das hatte er. Oft erlebten wir, wie Gott in unsere Situation hineinsprach, ganz besonders durch Lieder und Verse aus der Bibel. Tief in unsere Herzen gelegt, spendeten sie uns Trost und Ermutigung in der jeweiligen Situation. Noch heute tragen sie mich. So wie auch die vielen Gebete, die für uns gesprochen wurden, besonders wenn wir selbst nicht beten konnten. Denn das gab es ebenso: tiefe Verzweiflung. Noch nie in meinem Leben hatte ich mich so maßlos enttäuscht und im Stich gelassen gefühlt. Ich war so wütend auf Gott. Wo war er?

Auch wenn es sich manches Mal nicht so anfühlte: Er war hier, genau hier bei uns. Ich suchte ihn. Ich hoffte, er würde meinen sehnlichsten Wunsch erfüllen und meinen Mann heilen. Aber das tat er nicht! Und indem er es nicht tat, zog er uns näher an sich, glaube ich heute. Noch nie waren wir so auf ihn angewiesen.

Er war bei uns, als wir zum allerersten Mal die Stufen zur Onkologie hinaufstiegen, an der Tür klingelten und zum ersten Mal die Station betraten. Er war bei uns, als der Arzt uns mitteilte: „Sie haben Krebs, richtig bösen!" Gott war da, als er seinen Arm um meinen Mann legte und ihn nach Hause holte. Sein anderer Arm muss mich ergriffen haben – mir war, als flüsterte er: „Ich bring dich durch den Sturm." Dieses Lied von Andi Weiss ist eines von vielen, das uns durch die schwere Zeit begleitete.

Sein neues Album wurde gerade veröffentlicht, als mein Mann erkrankte, ich hatte es vorbestellt, natürlich nicht ahnend, was uns bevorstehen würde. Ich bat Andi Weiss um eine ermutigende Widmung, und ich werde das Gesicht meines Mannes nicht vergessen, als er das kleine Päckchen öffnete, kurz bevor er seine anstrengende Therapie begann. „Gib alles, nur nicht auf" war der Titel seines neuen Albums.

Mit der Diagnosestellung begann für uns ein Weg der Trauer. Wir mussten Abschied nehmen von unserem alten Leben, unseren Träumen, Plänen und am Ende auch voneinander.

„Meine Gedanken sind nicht eure Gedanken und meine Wege sind nicht eure Wege" (Jesaja 55,8).

Wie oft mussten wir das durchbuchstabieren. Wenn nichts mehr geht, man nichts mehr in der Hand hält und ganz auf sich geworfen ist – was bleibt dann? Die Liebe! Die Liebe zueinander. Die Liebe Gottes. Die Liebe, die Frieden schafft. Liebe, die bedingungslos und unendlich ist. Und so durften wir manches Wunder erleben, aber das größte wird sein, wenn wir uns in der Ewigkeit wiedersehen.

Nun ist mein geliebter Mann nach Hause zurückgekehrt. Sein schwerer Lauf ist vorbei. Meiner noch nicht. Die jüdische Schriftstellerin Mascha Kaléko schrieb in ihrem Gedicht „Memento":

„Bedenkt, den eigenen Tod, den stirbt man nur, mit dem Tod der anderen muss man leben."[1]

---

1 Aus „Verse für Zeitgenossen" von Mascha Kaléko, erschienen bei dtv 12/2017, ISBN 978-3-423-28139-3

Wie recht sie hat.

Zunächst schien alles so hoffnungsvoll, nachdem mein Mann die Operation erfolgreich überstanden hatte. Ich erinnere mich gut an diesen Tag, den wir herbeigesehnt hatten und zugleich fürchteten. Eine Operation, die so ungeheuer schwer war und kaum eine Chance auf Erfolg verhieß. Neun Monate haben wir dafür gekämpft. Nur ganz vorsichtig begann ich, mich zu freuen und Hoffnung zu schöpfen. Dann entwickelte sich eine dramatische Dynamik. Sieben Wochen und drei Tage später war ich Witwe. Ich mag es noch immer nicht aussprechen. Warum fällt mir das so schwer? Vielleicht verbinde ich damit Klischees, die ich nicht bedienen will und kann. Täglich spüre ich mehr, wie sehr mir mein Mann fehlt.

Ich fühle mich überfordert. Zudem bin ich stark verlangsamt, erschöpft und leer. Alles scheint sinnlos.

Ich bin im Funktionsmodus. Fünfzehn Monate ist das jetzt her.

Langsam tauche ich wieder auf. Keine Ahnung, wie Gottes Plan für mich aussieht. Keine konkrete Idee, wie es für mich weitergehen soll. Ich kenne nur mein Ziel, die himmlische Ewigkeit bei Jesus. Dort werde ich meinen Mann wiedersehen, und es wird Freude sein.

„Ihr habt nun Traurigkeit, aber ich will euch wiedersehen, und euer Herz soll sich freuen, und eure Freude soll niemand von euch nehmen" (Johannes 16,22).

Bis dahin wird der Weg kein leichter. Aber der, welcher mir dies alles zumutet, vielleicht zumuten muss, wird mir auch weiter treu sein und mich nicht fallen lassen.

Aus dem „Mein Gott, mein Gott, warum hast du mich verlassen?" (Matthäus 27,46) wird ganz langsam ein „Ich bin bei euch alle Tage bis an der Welt Ende!" (Matthäus 28,20).

Mein ganzer Alltag ist Erinnerung. Jeden Tag steht mir vor Augen, was ich verloren habe.

Jorgos Canacakis, ein griechischer Trauerforscher, stellte fest: „An Trauer führt nichts vorbei, nur hindurch." Und C.S. Lewis schrieb, Liebe und Trauer seien die stärksten Gefühle und „je tiefer die Liebe, umso größer die Trauer". Dem stimme ich zu.

Mit etwas Distanz ist der berühmte rote Faden nicht zu übersehen. Eine Zeit lang schien er abgerissen, ich konnte ihn nicht erkennen. Auch jetzt kann ich nicht sehen, was in der Zukunft liegt. Aber ich weiß, dass Gott mich an meiner rechten Hand führt, und deshalb bleibe ich stets an IHM. Dennoch! (Nach Psalm 73,23.)

Kenne ich den Weg auch nicht, weiß ich doch, in welcher Richtung mein Ziel liegt.

Mein Mann hat sein Ziel erreicht und ich bin fest entschlossen, es auch zu erreichen – irgendwann, irgendwie, mit Gottes Hilfe.

Katrin Jahr, Therapeutische Seelsorgerin i. A., Jahrgang 1970, Waltersdorf

Lotta

Seit ein paar Wochen kam Lotta in meine Praxis. Sie war sehr traurig. Jeder ist mal traurig, aber Lotta war immer traurig. Sagte sie. Sie könne sich nicht erinnern, je glücklich gewesen zu sein. Sie fand am Leben nichts, was irgendwie schön sei. Keiner mochte sie, niemand liebte sie, sie war wertlos und nutzlos – davon war sie zumindest im Moment überzeugt.

Ich merkte, dass es wenig Sinn ergab, gemeinsam mit ihr zu überlegen, was alles toll in ihrem Leben sei, welche wunderbaren Eigenschaften und was für schöne Erlebnisse sie hatte … – das alles prallte nur ab an ihr. Sie sagte: „Jeder möchte mich überzeugen, dass das Leben gar nicht so schlimm ist. Ich fühle mich überhaupt nicht ernst genommen. Niemand hört mich und niemand sieht mich." Ich horchte auf. Ach so! Das war auch eine Botschaft an mich. „O.k., Lotta. Dann erzähle mir dein Leben. Du darfst mir alles, was schmerzhaft war, zeigen. Wir sehen uns alles gemeinsam an. Wir gehen noch mal in den Schmerz. Du darfst alles schildern, wie du es erlebt hast beziehungsweise wie du es in Erinnerung hast. Unter einer Bedingung …" Jetzt horchte Lotta auf: „Ja? Welche?" „Du beantwortest an jedem Punkt, an dem wir gerade sind, meine Fragen, ohne sie abzuwehren. Geht das?" Lotta war einverstanden.

Wir begannen mit der Arbeit. Wir legten eine lange Schnur auf eine Papierbahn. Diese sollte Lottas Leben mit allen Höhen und Tiefen symbolisieren. Passend zu ihrem jeweiligen Alter und der jeweiligen Phase klebte Lotta die Schnur auf das Papier. Sie begann mit den tiefsten Tälern und beschrieb, was ihr alles widerfahren war. Ihre Mutter war alleinerziehend, musste sehr viel arbeiten, Lotta wurde häufig fremdbetreut und musste zu Nachbarn, die sie gar nicht leiden konnte; die Kinder dieser Leute waren gemein zu ihr. Sie schilderte mehrere Situationen, in denen sie sich ohnmächtig fühlte, ungerecht behandelt, verlassen und einsam. Wir suchten Symbole, die helfen sollten auszudrücken, wie sie sich gefühlt hatte damals – Steine, Kastanien oder Aufkleber, Ausschnitte aus Zeitschriften usw. – und malten Zeichen oder Bilder zu den Situationen. Oft waren es dunkle Farben und kräftige Striche, die sich tief in das Papier gruben und es teils einrissen. Beim Malen weinte Lotta manchmal. Manchmal wurde sie mit der Zeit auch wütend. Ich hatte sie vorher nie wütend gesehen. Sie drückte ihre Wut erst nur auf dem Papier aus, aber mit der Zeit begann sie zu sprechen; manchmal schrie sie auch. So kannte ich sie nicht. So kannten andere sie nicht und sie selbst lernte sich ebenfalls erst jetzt so kennen. Als nach einigen Stunden das Papier schon ganz beschrieben war, fragte mich Lotta: „Wollten Sie mir nicht eigentlich Fragen stellen?" „Ja, stimmt! Das habe ich ganz vergessen. Dann müssen wir noch mal zu jeder Situation zurück." Wir gingen zu dem ersten Tag, an dem Lotta sich einsam gefühlt hatte. Ich fragte: „Erinnerst du dich noch, wann diese Situation vorbei war? Wann hörte der Schmerz auf, den du gespürt hast? Wann wurde es besser?" Lotta überlegte lange. Sie versuchte, sich zu erinnern. Bisher hatte sie immer nur an das einsame, traurige Gefühl in dieser Situation gedacht. Es handelte sich um einen Abend, an dem sie bei einer fremden Familie aus der Nachbarschaft schlafen musste und nicht einschlafen konnte. Sie war unglücklich, dass ihre Mutter nicht da war. Sie erinnerte sich jetzt an ihr altes Kuscheltier, einen Hund, den sie jetzt immer noch besaß. Den hatte sie damals bei sich. Sie habe ihn ganz fest in ihrem Arm gehalten.

Sie hatte ihn von ihrer Großmutter bekommen, er hieß Schnuffi und sie habe ihn überall mit hingenommen. Und sie sagte ihm, dass er keine Angst haben müsse. Dass morgen ein neuer Tag sei. Dass er nicht alleine sei und sie immer bei ihm bleiben würde.

Und dann sagte sie ihm ein Lied auf. Das hatte sie ebenfalls von ihrer Großmutter gelernt:

„So nimm denn meine Hände und führe mich
bis an mein selig Ende und ewiglich.
Ich mag allein nicht gehen, nicht einen Schritt;
wo du wirst gehn und stehen, da nimm mich mit.

In dein Erbarmen hülle mein schwaches Herz
und mach es gänzlich stille, in Freud und Schmerz.
Lass ruhn zu deinen Füßen dein armes Kind.
Es will die Augen schließen und glauben blind.

Wenn ich auch gleich nichts fühle von deiner Macht,
du führst mich doch zum Ziele, auch durch die Nacht.

So nimm denn meine Hände und führe mich
bis an mein selig Ende und ewiglich."
(Text: Juli Hausmann)

Lotta konnte immer noch das ganze Lied auswendig. Ich fragte sie, wie das Gefühl heißt, das sie in dieser Situation empfand. Sie dachte laut nach: „Ruhe ... Gelassenheit? Frieden? Schon, aber noch etwas anderes ... Trost! Ich war getröstet. Ich hoffe, Schnuffi war es auch." Sie lächelte. Lange.

Als ich sie fragte, ob ihr auch hierfür ein Symbol oder ein Bild einfalle, malte sie eine Hand und in der Hand war ein winzig kleines Kind, das sich in die Hand kuschelte.

In der nächsten Stunde fragte ich Lotta, ob sie mir mehr über ihre Großmutter erzählen wolle. Uns fiel auf, dass diese bisher in ihren Erzählungen gar nicht vorgekommen war. Lotta war verblüfft darüber. „Ich verstehe das nicht, sie war so wichtig für mich. Sie war von Anfang an immer da, wenn es mir schlecht ging. Sie wohnte in der Nähe und ich konnte sie immer besuchen, wenn ich wollte. Sie hatte immer Orangenplätzchen für mich in einer Dose und immer und immer wieder erzählte sie mir, wie sehr sie sich damals über meine Geburt gefreut hatte. Ich glaube, der Rest der Welt war gestresst, weil ich auf die Welt kam, aber nicht meine Großmutter. Sie zeigte mir immer, wie klein meine Füßchen am Tag der Geburt waren." Und wieder lächelte Lotta. Diesmal sah es fast wie ein Lachen aus.

Das war die Geschichte von Lotta.

Aber dir will ich sagen: Egal, in welche Situation du geboren wurdest und was du über die Umstände, die damals herrschten, denkst oder vielleicht auch weißt: Sicher hat sich auch jemand gefreut über dich. Stell es dir einfach einmal vor: Das Lächeln in dem Gesicht des Menschen, der dich auf dem Arm hatte. Wer auch immer das war. Deine Mutter, dein Vater, deine Großmutter, dein Großvater, deine Schwester oder dein Bruder, vielleicht auch eine Krankenschwester oder eine alte Nachbarin … Stell dir das Lächeln vor, die Liebe in den Augen dieses Menschen, die Wertschätzung und Ehrerbietung für das neue Leben, das mit dir in die Welt kam. Stell es dir vor, wie du gehalten wurdest – ganz leicht und klein, sodass du genau in eine Armbeuge gepasst hast. Oder wie ein klitzekleines Kind in einer großen Hand. Wert-voll. Gut. Genug. Ganz. Da. Stell dir das Lächeln vor und lächle auch.

Martina Weiss, Jahrgang 1978, Kinder- und Jugendlichenpsychotherapeutin und Supervisorin, www.trauer-sucht-trost.de

Würde
© T. u. M.: Martina Weiss
(aus der CD: GUT GENUG)

Du bist hier, um zu sein.
Ich seh dich, wie du bist.
Achte dich und schätz dich wert,
halt dein Herz rein.

Du bist hier, um zu sein.
Das reicht aus – ganz allein.
Einzigartig schön und heil,
wunderbar bis ins Detail.

Heb deinen Kopf,
geh aufrecht deinen Weg!
Stehe auf
und stell mich wieder her!
Kämpf um mich!
Du weißt, ich steh zu dir.
Sei sicher, ich bin hier.

Und nun tanz, als wärst nur du
in einem Raum – ohne Schuh.
Und nun sing, als hörte niemand dir zu –
nur ich und du.

Und nun lieb, als hätt' dein Herz
nie gefühlt jemals Schmerz.
Und nun leb – hier und heut,
wie einer, der nichts bereut.

Trotzdem Ja zur Hoffnung sagen

Ich lernte Rebecca im August 1994 kennen. Damals hielt ich in der Jugendgruppe meiner ehemaligen Gemeinde eine Bibelarbeit über den leidgeprüften Gottesmann Hiob. Rebecca hatte als Gemeindeschwester gerade bei uns angefangen und besuchte nun die Veranstaltung. Nachdem der offizielle Teil beendet war, kam Rebecca sofort auf mich zu. Anscheinend hatte ich bei ihr den richtigen Ton getroffen. Zuerst tauschten wir uns über das Thema aus, aber sehr bald wurde es persönlicher zwischen uns. An jenem Abend merkten wir sehr schnell, dass unsere Herzen im selben Takt schlugen.

Eine Woche nach dem Kennenlernen ging ich auf die Bibelschule nach Berlin Wannsee. Trotzdem blieben Rebecca und ich in ständigem Kontakt. Und auch als ich längst in meine Heimatstadt zurückgekehrt war und sie weit entfernt eine andere Stelle antrat, tat das unserer Freundschaft keinen Abbruch. Im Gegenteil: Unsere Herzen waren so sehr im Einklang, dass jede von uns fühlte, wenn es der anderen nicht gut ging. Und oft genug läutete das Telefon, bevor eine von uns dachte, dass sie mit der anderen über ihre Probleme reden wollte. Irgendwie wussten wir immer, was wir gerade brauchten. Unsere Beziehung hatte eben die ganz besondere Note!

Nach ungefähr 23 Jahren bekam Rebecca die Hiobsbotschaft „Brustkrebs". Da ich selbst innerhalb der vergangenen acht Jahre sechs Familienangehörige verloren hatte, wollte meine Freundin mich mit ihrer Krankheit nicht zusätzlich belasten; sie wollte mich schützen und schonen. Aus lauter Rücksicht zog sie sich mehr und mehr von mir zurück. Und bevor sie die Amputation ihrer Brust und die erste Chemotherapie über sich ergehen lassen musste, hörte ich gar nichts mehr von ihr. Ich kämpfte noch lange um unsere Freundschaft, aber ich schien Rebecca verloren zu haben. Ich verstand die Welt nicht mehr.

Erst drei Jahre später meldete sich Rebecca wieder bei mir. In einem langen Brief erzählte sie mir davon, was zwischenzeitlich passiert war.

Ich freute mich darüber, wieder ein Lebenszeichen von meiner Freundin zu erhalten, und zugleich war ich traurig darüber, dass sie austherapiert war und sich nun ganz langsam auf das Sterben vorbereiten musste.

Rebecca und mir blieb noch ein halbes Jahr … Einmal kam sie mich sogar noch besuchen. Wir fuhren zur Ostsee und setzten uns auf eine einsame Bank am Meer. Der Wind blies uns kräftig ins Gesicht. Aber mit Blick auf das Meer entdeckten wir dann auch das Mehr, das uns das Leben – trotz ihrer unheilbaren Krankheit – zu bieten hat. Die endlose Weite machte die Augen unseres Herzens wieder weitsichtig. Und wir verstanden, dass die Liebe die größte Macht schlechthin war. In ihr konnten wir baden, weil sie uns trug! Weil sie uns immer tragen würde.

Dann kam der 6. Mai 2021. Schon den ganzen Tag kreisten meine Gedanken um Rebecca. Ihre Schwester Ricarda hatte mir bereits früh am Morgen mitgeteilt, dass meine beste Freundin nun ihre letzte große Reise antreten würde.

Wie gern wäre ich jetzt bei Rebecca gewesen; wie gern hätte ich ihre Hand gehalten; wie gern hätte ich ihr noch letzte Worte mit auf den Weg gegeben. Aber die Corona-Auflagen machten es mir unmöglich, zu ihr nach Köln zu fahren und ihr nahe zu sein. Und das zerriss mir fast das Herz.

So saß ich – weit weg von Rebecca – in einem Tief und überlegte, ob ich nicht doch noch etwas tun könnte, um Rebecca ein wenig Trost und Hoffnung zuzusprechen.

Am Nachmittag fiel mir ein, dass es Donnerstag war – der Tag, an dem Andi Weiss seit 33 Wochen auf Facebook und YouTube Onlinekonzerte spielte, um seine Fans und Freunde mit seinen Liedern zu erfreuen und die Herzen in der dunklen Krisenzeit zu erhellen. Jedes Mal durften wir uns Songs von ihm wünschen oder Geschichten beisteuern, um die Konzerte noch mehr zu beleben.

Ich war hin- und hergerissen. Sollte … durfte … konnte ich an die Öffentlichkeit weitergeben, was die Freundschaft zwischen uns beiden Frauen ausmachte? Konnte ich Andi Weiss das überhaupt zumuten?

Zögernd, zaghaft, zaudernd und mit vielen Tränen im Gesicht begann ich, Worte auf das Papier zu bringen. Ich beschrieb die Freundschaft zwischen Rebecca und mir – fast wie in diesen Zeilen. Und gegen 17:00 Uhr war ich fertig, sodass ich die E-Mail abschickte.

War es nun schon zu spät? Würde Andi Weiss die Nachricht überhaupt noch vor dem vorletzten, seinem 34. Onlinekonzert erreichen? Wollte er sie lesen ... vorlesen? Ich selbst war durcheinander ... skeptisch ... traurig. Aber ich teilte Ricarda, der Schwester von Rebecca, mit, was ich unternommen hatte. Sie organisierte, dass ein Laptop an das Bett meiner Freundin gestellt wurde, sodass sie – zumindest teilweise – das Konzert hören konnte.

Tja, und dann las Andi Weiss fast am Schluss der Veranstaltung tatsächlich meinen Brief vor. Er richtete sogar noch meine letzten Worte an Rebecca aus. Während ich wie ein Schlosshund heulte und Andi Weiss sogar Tränen in den Augen standen, zauberte er Rebecca noch ein Lächeln auf das Gesicht.

Spätestens an diesem Abend wurde Andi Weiss ein Brückenbauer zwischen Himmel und Erde. Denn bereits wenige Stunden später schloss meine Freundin im Alter von 53 Jahren für immer ihre Augen, um sie in einer neuen Welt auf ewig wieder zu öffnen!

Als Rebecca starb, wurde die Welt für mich ein wenig dunkler. Denn sie war ein strahlend helles Licht in meinem Leben. Fast 27 Jahre waren wir befreundet und hatten Freud und Leid miteinander geteilt. Und das war ein riesengroßes Geschenk für mich. Ein Geschenk auf Zeit! Was wir zusammen erlebten, kann mir niemand mehr nehmen, sodass Rebecca in meiner Erinnerung, in meinem Herzen weiterleben wird ...

Nicht selten sitze ich heute noch auf der Bank an der Ostseeküste zwischen den Dünen, wo Rebecca und ich über das Meer schauten und über das Mehr im Leben philosophierten. Manchmal sehe ich auf die offene See und beobachte, wie hoch die Wellen schlagen. Ich spüre, wie mir der Wind ins Gesicht bläst. Und manchmal genieße ich die Windstille und die ruhige See. Es ist wie das Leben selbst. Beides gehört zusammen.

Es gibt sogar Tage, an denen ich mir ganz bewusst „die blauen Flecken am Himmel" vergegenwärtige. Denn ich glaube – nein, ich weiß: Nach einem langen Kampf ist auch bei Rebecca eine unendliche Ruhe eingekehrt. Vielleicht geht sie gerade jetzt fröhlich und gelöst durch den Garten Eden spazieren – an der Hand ihres Vaters. Sie wird den Baum des Lebens bestaunen, unter dessen Schatten sie wieder die Sonne sehen kann. So wie ich meine Freundin hier kennengelernt habe, wird sie an den vielen bunten Blumen schnuppern, die sie im Garten vorfindet. Und wenn sie an dem Gewächs mit Namen „Vergissmeinnicht" vorbeikommt, wird ihr neues Herz kräftig zu schlagen beginnen. Wahrscheinlich wird sie dann an ihren Mann und ihre beiden Mädchen denken – und vielleicht auch einen Augenblick an mich ...

Während ich ohne Rebecca auf der Bank an der Ostsee zwischen den Dünen sitze, huscht so manches Mal ein Lächeln über mein Gesicht und ich kann – trotzdem – Ja zur Hoffnung sagen!

Jana Schumacher, Menschenkind, Jahrgang 1970, Rostock

Eine zweite Chance

Als meine beiden Kinder und ich im Mai 2015 einen Bauernhofurlaub auf der Halbinsel Eiderstedt mit Oma und Opa machten, hätte keiner von uns für möglich gehalten, dass es die härteste Bewährungsprobe unseres Lebens werden würde. Der wunderschön begonnene Urlaub mit Familie endete viel zu früh mit einem plötzlichen, furchtbaren Unfall. Keiner von uns fünf Insassen hatte den Zug kommen sehen, der unser Auto rammte, vom ungesicherten Bahnübergang 50 Meter mitschleifte, auf den Kopf drehte und in den Graben schob. Und keiner von uns hat damit gerechnet, dass dieser Unfall unser Leben komplett verändern würde, denn einer im Auto hat diesen Zusammenprall nicht überlebt: Mein damals fünfjähriger Sohn Matteo verstarb noch am Unfallort binnen einer Stunde. Meine Eltern wurden beide ebenfalls schwerstverletzt in umliegende Krankenhäuser geflogen. Ich erfuhr vom Tod meines Sohnes selbst schwerstverletzt im Krankenwagen auf dem Weg zum Westküstenklinikum in Heide. Ich erinnere mich daran, als sei es gestern gewesen. Meine Gedanken waren wirr: „Wie soll ich das überleben? Wie kann ich jemals wieder glücklich sein, Freude empfinden, wenn mir ein großer Teil meines Herzens praktisch rausgerissen wurde?!" Meine knapp zweijährige kleine Tochter, die wie durch ein Wunder fast keinerlei Verletzungen erlitten hatte, saß völlig aufgelöst wimmernd und weinend neben mir und hielt mit ihrer kleinen Hand meine Hand ganz fest, während ich mir innerlich immer wieder selbst sagte: „Das kann nicht wahr sein, das ist nicht wahr, das kann einfach nicht stimmen, das ist grade nicht passiert!" Alles schien sinnlos und leer … Und doch spürte ich, dass ich nicht allein war.

Im Krankenhaus wurde ich von Kopf bis Fuß durchgecheckt, um alle schweren Verletzungen genau bestimmen zu können: den Beckenbruch, die gebrochene Hüfte, die gequetschten Unterschenkel, die gebrochenen Rippen. Aber all das war nichts gegen mein gebrochenes Herz. Ich ließ alles über mich ergehen, wie im Film, mit nur diesem einen Gedanken im Kopf: „Gott, bitte halt mich fest und lass mich nicht los, denn ich falle grade und weiß nicht, wann und wie hart der Aufprall meines Herzens und meiner Seele sein wird!"

Als ich ungefähr zwei Stunden nach dem Unfall endlich auf meinem Zimmer lag und meine kleine Tochter erschöpft auf meinem Bauch einschlief, stand mir die nächste große Hürde bevor: Ich musste meinen (damals noch) Mann anrufen, um ihm zu erzählen, was passiert war, und ihn bitten, zu kommen und uns Sachen mitzubringen. Ich hatte keinen blassen Schimmer, wie ich das tun sollte. Es fühlte sich an, als müsste ich mir nun überlegen, wie ich meinem geliebten Mann, dem Vater der gemeinsamen Kinder, „behutsam" einen Teil seines Herzens rausreißen kann, ohne ihn zu zerbrechen. Ich wusste nicht, wie das gehen sollte … Mit den Mut machenden Worten einer Krankenhausseelsorgerin rief ich ihn schließlich an und bat ihn am Telefon nur, für uns alle

Kleidung zusammenzusuchen und in das Krankenhaus zu kommen, wo wir lagen. Als er gut eine Stunde später schließlich zur Tür hereinkam, war ich wie von Sinnen und erzählte ihm, was passiert war und dass unser Sohn es nicht geschafft hatte. Dass es ihn nicht mehr gibt. Dass wir ihn nie mehr in den Arm nehmen, seine Hände halten oder seine lustigen Sprüche hören würden. Ich kam mir vor wie in Trance, hörte mich selbst von außen reden. Doch was er mir entgegnete, wurde später von großer Bedeutung für mich: „Das ist jetzt nicht wichtig, IHR habt es geschafft! IHR seid noch da! Darauf möchte ich mich jetzt konzentrieren!"

Ich dachte zunächst, er hätte nicht verstanden, was ich gesagt hatte, und wiederholte es noch einmal. Er blieb bei seiner Aussage, dass wir es seien, worauf es nun ankomme. Und recht hatte er. Ich spürte an diesem Tag eine tiefe Leere in mir, eine Verzweiflung, die die Angst mit sich brachte, dass sie mein Leben von nun an ausfüllen würde. Matteo hatte meinen Alltag am meisten bestimmt; alles richtete sich nach seinen nachmittäglichen Aktivitäten: Fußballspielen im Verein, Freunde treffen, Turnen. Seine kleine Schwester war noch „Mitläuferin" zu jener Zeit. Er war derjenige, der immer einen witzigen Spruch zu allem parat hatte, einen ständig zum Lachen brachte, neugierig war, ein kleiner Forscher, immer wissensdurstig und freundlich, von allen gemocht und geliebt. Und von jetzt auf gleich war all das in einem Wimpernschlag weg. Einfach weg. Ich wartete darauf, dass mich diese innere Leere auffraß und mich übermannte, ich heruntergezogen wurde, ich gänzlich zerbrach. Aber das passierte nicht.

Ganz im Gegenteil: Ich spürte, dass Gott mich festhielt. Er ließ mich nicht los. Er tröstete mich auf so viele verschiedene Arten und ließ mich spüren, dass er mich niemals verlassen wird, egal, was kommen mag. Mein Herz wurde mit jedem Tag wieder wärmer und gefüllter. Mein Blick wendete sich von dem, was „nicht mehr war", zu all dem, was immer noch blieb. Ich schaute immer einen Tag nach dem anderen an, lebte im Hier und Jetzt, machte einen kleinen Schritt nach dem anderen, ohne meinen Sohn dabei zu vergessen. Das Vergessen war die größte Angst, die ich von Anfang an hatte: Wie soll er in den Köpfen und Herzen von uns und all den Menschen bleiben, so wie er war – so lebhaft, lustig, einzigartig –, wenn er nicht mehr ist?! Ich bekam unglaublich viel Hilfe von meinen Freunden und meiner Gemeinde. Es war, als würde Gott jeden dieser Menschen schicken, um mich ganz real zu trösten. Ich war „behütet und getröstet, wunderbar", wie es so schön im Lied „Von guten Mächten" heißt.

Dann schenkte mir jemand ein hölzernes, rundes Herz mit einem wunderbaren Spruch darauf, das mir bis heute kostbarer ist als vieles, was ich in der Zeit nach dem Unfall bekam. „Gott kann zerbrochene Herzen heilen" steht darauf. „Wie soll das denn gehen?!", dachte ich damals. „Mein Herz kann nicht geheilt werden, es ist zerrissen!" Und doch habe ich jeden Tag gemerkt, wie Gott mich an die Hand nahm und mir neu half, laufen zu lernen, was mit meinen schweren Verletzungen wirklich lange gedauert hat. Aber es steht sinnbildlich für das, was ich lernen musste: Mit neuen, kleinen Schritten in ein neues Leben gehen und das Alte hinter mir lassen. Und das Merkwürdigste daran ist bis heute: Ich habe Gott niemals, in keinem Moment, die Schuld an unserem Unfall gegeben. Nicht direkt, nachdem es passiert war, und auch nicht heute. Was ich aber weiß, ist, dass er immer an meiner Seite war und mich niemals alleingelassen hat. Er hat diese Leere, die durch den Verlust unseres Sohnes nach dem Unfall über mich kam, in winzigen Schlückchen wieder aufgefüllt. Er hat meine Hand genommen und ist mit mir durch jeden schweren Tag gegangen und hat mir in unzähligen Situationen gezeigt, dass ich mich auf ihn verlassen kann und er mich niemals verlässt. Sei es bei der Beerdigung von Matteo oder an all den Geburts- und Jahrestagen des Unfalls seither (es sind bereits sechs). Auch, als ich noch einen kleinen Wunschsohn bekam und sogar, als mein Mann sich letztlich doch entschied zu gehen und ich dachte, ich schaffe es niemals allein mit zwei kleinen Kindern, Haus und Beruf. Oder als 2020 die Pandemie begann und ich nicht wusste, wie ich es hinkriegen soll mit Homeschooling und Kleinkind – ganz allein mit allem. Ich weiß, ich bin nicht allein, denn Gott geht immer an meiner Seite. Und wenn ich nicht mehr kann, trägt er mich ein Stück – wie ein Vater sein Kind trägt, das nicht mehr kann. Und wenn es bis ans Ende der Welt sein sollte – er ist da und hält meine Hand.

Marzia Plichta, Sprecherin/Sängerin, Jahrgang 1979, Kreis Pinneberg

Ein Leben auf der Suche

Müsste ich mein bisheriges Leben in einem Wort zusammenfassen, es wäre: „Suchender". Damit meine ich zunächst gar nicht die Suche nach Gott. Wobei sie schon immer dazugehört hat; das ist mir gerade in letzter Zeit noch einmal besonders deutlich geworden.

Zu meiner persönlichen Suche gehört aber ein Thema, dessen Tragweite mir vor einigen Monaten neu aufgegangen ist: Ich bin ein Kriegsenkel. Mit diesem Begriff kommt zum Ausdruck, dass meine Eltern im Zweiten Weltkrieg Kinder waren, Kriegskinder. Genauer gesagt wurden sie 1930 in Ostpreußen geboren, waren bald Flüchtlinge, später Vertriebene. Ich sehe sie förmlich vor mir in den Berichten über die Kinder, die gerade aus der Ukraine fliehen.

Mitte der 1980er-Jahre war ich mit meinen Eltern in ihrer Heimat. Auf dem Hof meines Vaters habe ich mir vieles zeigen und auch erklären lassen. Ich kenne die Geschichte unserer Familie. Dachte ich.

Dann begegnete mir im letzten Jahr das Thema Kriegsenkel und mir wurde sehr bald klar: Ich hatte nur einen Bruchteil meiner Familienvergangenheit verstanden. Plötzlich fand ich Antworten auf viele Fragen meines Lebens. Neue Fragen tauchten auf und ich erkannte einen roten Faden: Ich habe keine Wurzeln! Die meiste Zeit meines Lebens war und bin ich ein Suchender. In meinen Beziehungen, in meinem Berufsleben, an meinen Wohnorten – immer wieder kam es für mich zu einem Bruch und ich fing von vorne an. Meist ungewollt, aber nicht unschuldig, machte ich mich als Suchender wieder auf den Weg.

Ich nehme in meinem Umfeld wahr, dass es vielen Menschen meiner Generation ähnlich geht. Zusammen suchen wir nach dem, was uns nicht mitgegeben wurde: Sicherheit, Stabilität, Verlässlichkeit, Vertrauen. Und: bedingungslose Liebe. Wie sollten unsere Eltern dies weitergeben, hatte man es ihnen in den Kriegszeiten doch selbst weggenommen. So entstand die Grundlage für ein verdrehtes Leben, für *mein* verdrehtes Leben: Statt als Kind geliebt zu werden, hatte ich zu lieben. Statt getröstet zu werden, wurde ich zum Tröster.

Zu meiner Lebenssuche gehörte von Anfang auch die Suche nach Gott. Mein Elternhaus war – gut ostpreußisch – davon geprägt, dass wir jeden Sonntag in den Gottesdienst gingen. Als kleines Kind empfand ich das als sehr anstrengend und langweilig. Den Pfarrer verstand ich nicht, immer wieder mussten wir aufstehen und es dauerte auch so lange. Kindergottesdienst gab es nicht. Aber weil ich meine Lebensaufgabe verinnerlicht hatte, nämlich meiner Mutter nicht auch noch Kummer zu machen, war ich brav. Interessierte mich für das, was da geschah, und machte mit. Blockflöte im Gottesdienst, Harmonium mit einem Finger und Teilnahme an Ausflügen der Kirchengemeinde an der Seite meiner Mutter waren normal, auch noch als Jugendlicher. Es waren viele schöne Momente dabei. Nur einen fand ich dort nicht: Gott.

Erst als ein Vierteljahrhundert meines Lebens vorbei war, begann ich, mich von meinem Elternhaus zu lösen. Ich zog nach Wiesbaden, um endlich eigenständig zu leben. Das war ich: Ein Finanzbeamter mit einer eigenen kleinen Wohnung, einer eigenen Waschmaschine – und eigenen Fragen nach Gott. Dachte ich. Mir fiel natürlich nicht auf, dass ich die Prägung von zu Hause einfach mitgenommen hatte. Für mich hieß Christsein vor allem: Tu dies nicht, lass das, geh in die Kirche und sei anständig. Oder so ähnlich. Was ich nicht bemerkte: Ich war nicht wirklich auf der Suche nach Gott, sondern nach Richtlinien, Vorschriften und Antworten auf vor allem moralische Fragen. Kurz: Ich suchte nach einem vermeintlich christlichen Leben, das vor allem der Mutter keinen Kummer macht (auch wenn sie jetzt 60 km weit weg wohnte!), das aber eigentlich auch ganz gut ohne Gott auskommen kann. Ich suchte das mir Bekannte! Irgendetwas, was ich von meinem Zuhause mitgenommen hatte, musste doch verlässlich sein, Stabilität geben. Warum also nicht mein Gottesbild?!

Vielleicht denken Sie jetzt beim Lesen: Das kommt mir bekannt vor – Christ sein durch Regeln einhalten, Vorschriften beachten, moralisch anständig leben! Das mache ich, so lebe ich. Was sollte daran falsch sein? Es ist doch auch genau das, was Gott möchte, oder? Oder gibt es noch mehr?

Ja, es gibt noch mehr. Was wir durch Kirche und Gemeinde, durch Familie und Tradition kennen und erlernt haben – es gibt uns Halt und Orientierung. Und das ist gut so. Ich habe es so erlebt und kann von Herzen Danke dafür sagen. Was mir all das aber nicht geben kann, ist: Gott. Heute weiß ich: Wir können Gott nicht erlernen oder erarbeiten. Es reicht nicht, Parolen zu folgen, Regeln einzuhalten, Vorschriften zu beachten und moralisch richtig zu leben – das ist nicht Gott. Ein solches Leben kann uns durchaus in seine Nähe bringen. Es kann uns aber auch einfach beschäftigen und gewissermaßen ruhigstellen oder uns sogar mit Unwahrheiten versorgen. Denn schnell folgen wir den Worten, die uns bekannt vorkommen. Sie fühlen sich gut an. Wir sehen auf das uns Vertraute, auf das, womit wir umgehen können. Das Fremde ist uns fremd, macht uns Angst. Damit stehen wir in der Gefahr, falschen Propheten zu folgen – Fake News! Auch wenn sie noch so christlich klingend daherkommen. Was ist richtig? Was ist wahr?

Gott ließ einmal einen seiner Propheten sagen: „Wenn ihr mich von ganzem Herzen sucht, dann werde ich mich finden lassen" (Jeremia 29,13-14). Dieses Versprechen ist 2.500 Jahre alt und klingt immer noch so einfach, so vertraut. Doch je häufiger ich diesen Satz lese, desto nachdenklicher werde ich. Ich bin ein Suchender. Ich suche nach Antworten, nach Wurzeln, nach Heimat. Ich verschlinge Bücher und Berichte und entdecke immer wieder neue Zusammenhänge. Es ist extrem interessant, mein Kopf arbeitet auf Hochtouren. Aber was ist mit meinem Herzen, mit dem ich ja suchen soll? Wonach sucht es denn? Und mir wird wieder klar: nach Liebe! Ich möchte geliebt werden. Bedingungslos! Endlich! So, wie es mir als neugeborenes Kind schon zugestanden hätte.

Wir Menschen sind für das Miteinander geschaffen, auch die neuesten Forschungen bestätigen das: Wir brauchen einander! Liebe kann und will uns dabei verbinden. Aber was wir nicht können: bedingungslos lieben. Es mag vereinzelte Momente geben, in denen das gelingt, aber in der Summe – nein. Ich habe lange danach gesucht, von Herzen. Dann ist Gott mir begegnet. So, wie ich nicht mit ihm gerechnet hatte. Er hat eher mich als ich ihn gefunden. Ich hörte die Worte: „Du musst mir nichts beweisen. Ich habe dir in Jesus Christus die Tür geöffnet. Komm mit deinen leeren Händen zu mir, ich will sie dir füllen, jeden Tag neu. Denn ICH liebe dich – bedingungslos."

Mir kommen Tränen in die Augen, während ich das aufschreibe, auch wenn es schon über 30 Jahre her ist. Aber es gilt eben auch noch heute. Und ich suche weiter nach Gott, vor allem in der Bibel. Denn ich habe erst einen Bruchteil von ihm kennengelernt. Er ist so viel größer, er liebt so viel mehr. Immer noch ertappe ich mich dabei, für Gott etwas leisten zu wollen, um mir seine Liebe zu erarbeiten. Oder ich frage mich bei den nächsten Brüchen in meinem Leben, womit ich das jetzt schon wieder verdient habe und ob Gott gerade mal wieder sauer auf mich ist. Und dann schaue ich auf ihn, und ich spüre, wie er mich liebt und wie er mich tröstet.

Ob die Tage gut sind oder böse – Gott ist da und gibt mir jeden Tag Halt. Ich bin der Überzeugung, dass alles, was von ihm kommt, Liebe ist. Auch, wenn es nicht immer so aussieht. Und auch, wenn ich in vielen Bereichen meines Lebens ein Suchender bleibe.

Hans Wagner, Jahrgang 1961, Theologe und Leiter von ERF Plus: www.erfplus.de

(Abdruck mit freundlicher Genehmigung von ERF – Der Sinnsender | erf.de)

Schrei nach Liebe

Es war im Sommer 2021 irgendwo in Norddeutschland. Ich wurde angefragt, bei einem Open-Air-Gottesdienst auf einem Bahnhofsvorplatz zu sprechen. Bahnhöfe haben das gewisse Etwas. Hier herrscht ein ständiges Kommen und Gehen. Menschen, die warten, welche, die in Eile sind, und viele, die sehr viel Zeit haben, weil sie kein richtiges Zuhause haben. In meinem Herzen spürte ich, dass an diesem Tag etwas Außergewöhnliches passieren würde. Gottes Wort hinterlässt Spuren, trifft manche ganz sanft und wieder andere hart. Manchmal hinterlässt es Tränen der Rührung, der Erkenntnis oder schenkt unbeschreibliche Liebe, aber manchmal ist auch Rebellion die Antwort auf Gottes Wort. Mit diesem Wissen stand ich also auf der Bühne und schaute in die Menschenmenge. Ich sah viele Gesichter und betete, dass Gottes Liebe viele tief im Herzen erreichen möge – auch jene, die nur vorbeiliefen oder in ihren Wohnungen rund um den Bahnhof saßen.

Kaum war ich auf der Bühne, setzte Regen ein. Die Menschen suchten Schutz und rückten dadurch noch enger zusammen. Ein Typ hielt jedoch stand, wie ein Fels im tobenden Meer. Und in ihm tobte selbst ein Meer, wie gleich alle Anwesenden erleben durften.

„Du lügst", schrie er mir von unten zur Bühne hinauf. Das war er, der Moment, den ich irgendwie erahnt hatte. Ich erzählte von meinem Leben, von der Versöhnung mit meinem alkoholkranken Papa und von Sterbenden, die im Angesicht des Todes ihre Schuld bereuten und Frieden mit Gott machten. „Du lügst, das kann doch alles nicht wahr sein, das glaube ich nicht", hielt er dagegen. Ich erklärte ihm, dass es die Wahrheit sei, egal, wie sehr er sich darüber aufregen würde, und ich erkannte, dass er wohl eine ähnliche Vergangenheit hat, wie ich sie als Kind erlebt habe. Ja, ich konnte es fühlen und ihn verstehen. Ich sagte ihm auch, dass ich seine Ablehnung und sein Schreien absolut nachvollziehen könne. Ein anderer kam zu ihm, legte den Arm um ihn und er ließ es zu. Meine Kollegin brachte ihm einen Kaffee. Diese Wertschätzungen, die Umarmung, der Kaffee und meine Worte berührten sein Herz. Von da an hörte er aufmerksam zu und war still.

Er war ungefähr so alt wie ich, also Jahrgang 1970. Als ich mit meinem Vortrag zu Ende war, flossen bei manchen Zuhörern Tränen und mein neu gewonnener „Freund" stand starr und tief bewegt in der ersten Reihe. Ich ging zu ihm und er lag eine ganze Weile in meinen Armen. Er hatte einen markanten Hut auf und war somit ziemlich unübersehbar im Bad der Menge. Als wir uns austauschten, kam jemand zu mir und fragte mich, ob ich Zeit für einen jungen Mann hätte. Er meinte, dass das der kaputteste Typ sei, dem er je in seinem Leben begegnet sei. Ich fragte meinen „Freund", ob es okay wäre, wenn ich kurz nach dem anderen schaute. Er nickte und seine Blicke folgten mir, als ich zu diesem jungen Mann ging. Da stand er, einer, der „zufällig" am Bahnhof herumhing: Ende zwanzig, lange Haare, ein ausgemergelter Körper, der wohl viele Monate keine Körperpflege erfahren hatte. Ich war zutiefst berührt. Gottes Liebe bewegte mein Herz. Ich hatte einfach nur Liebe für diesen Kerl. Ich ging auf ihn zu, er sah mich kommen. Tränen füllten seine Augen, seine Körperhaltung signalisierte mir, dass hier ein gebrochener Mensch vor mir stand. Was sollte ich tun? Welche Worte wären die richtigen? Ich nahm ihn einfach in meine Arme. Lange lag er an meiner Brust. Da weinten wir zusammen. Mein „schreiender Freund" stand wenige Meter von uns weg und beobachtete das Ganze.

Einst ließ Jesus sich brechen, um jenen nahe zu sein, die gebrochen sind, und um sie tief in ihrem Herzen zu verstehen. „Der Herr ist nahe denen, die zerbrochenen Herzens sind." Schier endlos lag der aufgelöste junge Mann in meinen Armen. Eigentlich sollte man sich zu der damaligen Zeit aufgrund der Corona-Krise gar nicht in den Arm nehmen. Doch es war in diesem Augenblick und an diesem Ort für ihn und mich das Allerbeste. Eine Umarmung bedeutet: angenommen sein, ein Stück Zuhause, ja ein Stück Himmel. Eine Umarmung ist das unausgesprochene Evangelium. Später erzählte mir der junge Mann von seinem Leben und dass er eben nur „zufällig" am Bahnhof war und das, was er hörte, sein Herz total berührt hatte. Ich könnte noch viel über diesen jungen Mann berichten. (Die Jacke, die ich damals anhatte, wurde nie mehr gewaschen, denn dort sind seine Tränen verewigt, die er in meinen Armen vergossen hatte.) Zum Abschluss beteten wir gemeinsam.

Tief bewegt hielt ich Ausschau nach meinem Freund mit Hut. Als wir uns sahen, war er so tief bewegt von allem, dass er mir von seinem Leben berichtete. Sein Herz schrie nun seinen ganzen Schmerz hinaus. Mit Gewalt wuchs er auf. Später schloss er sich einer Gang an. Er verübte viele Straftaten und war dafür einige Jahre im Gefängnis. Zwei Kinder hatte er, die er schon jahrelang nicht mehr gesehen hatte und so schmerzlich vermisste.

Mit aller Macht kämpfte er gegen die Tränen, bis er sie nicht mehr zurückhalten konnte. Bitterlich weinte er in meinen Armen und schrie den Schmerz seines Lebens heraus. Seine Tränen bedeckten meine Jacke und vermischten sich mit denen des jungen Mannes zuvor.

„Was machen wir nun mit all dem Schmerz, mit all der Schuld, mit all den offenen Sehnsüchten deines Lebens?", fragte ich ihn. Vor mir stand nicht mehr der Fels im tobenden Sturm mit der großen Klappe, sondern ein kleiner verletzter Junge, der nie richtig die Geborgenheit einer Familie erleben durfte und sich deshalb einer Gang anschloss, um irgendwie dazuzugehören. Er wollte Teil von etwas Größerem sein, um geachtet und wertgeschätzt zu werden. Ja, es war seine Sehnsucht nach einem liebenden Papa, nach einer Familie. Ich glaube, jede Gang ist letztendlich nichts anderes als eine Art „Ersatzfamilie".

Ich meinem Vortrag hörte er, dass Gott der Papa aller Papas ist und sich so sehr nach jedem Menschen sehnt. Er hörte, dass Jesus uns Freiheit schenkt.

„Ich möchte endlich frei werden", sagte er mir mit verweintem Gesicht. So nahm ich ihn abermals in meine Arme und wir beteten gemeinsam:

„Lieber Jesus, leider ist mein Leben nicht so gelaufen, wie du es geplant hast. Ich habe in vielen Dingen Glück und Anerkennung gesucht und sie doch nirgendwo gefunden. Ich habe Menschen enttäuscht und verletzt. Ich habe gehört, dass du für meine Schuld bezahlt hast. Dieses Geschenk möchte ich annehmen und dich jetzt in mein Herz einladen. Danke, dass du mich so unendlich liebst. Hilf mir, den Weg zu gehen, den du gedacht hast, und verändere mein Herz nach deinem Willen. Bitte liebe mein Herz gesund und ich bekenne: Von nun an bin ich dein Kind und du mein Freund, mein Herr und mein Gott."

So standen wir nun auf der Rückseite der Bühne und weinten Arm in Arm zusammen. Er schaute mich mit Tränen im Gesicht an und meinte: „Michael, eben beim Beten spürte ich eine Freiheit, die ich nie kannte. Ich hatte Gänsehaut, mein Herz wurde berührt. Es tut mir leid, dass ich heute bei deinem Vortrag dazwischengeschrien habe! Meinst du, ich kann auch auf der Bühne den Leuten aus meinem Herzen berichten?"

Wenige Augenblicke später stand derselbe Mann, der mir noch wenige Stunden zuvor seinen Hass entgegenschrie, auf der Bühne. Der Mann mit Hut. Er erzählte kurz aus seinem Leben und was Gott heute mit ihm und seinem Herzen gemacht hatte. Er sprach von Frieden, Dankbarkeit und einer nie gekannten Freiheit. „Es ist wahr", sagte er, „Jesus lebt und ab jetzt lebt er auch in mir."

Aus einem Geschrei voller Schmerz, Rebellion und Hass wurde eine Stimme, die Gott lobte und dankte!

„Heute ist hier ein Wunder geschehen", sagte der Mann vor vielen Menschen zum Abschied. Ja, das ist es und ich war dabei! Schreie der Rebellion waren letztendlich nur Schreie nach Liebe und nach Gott. Denn Gott ist Liebe!

Michael Stahl, Jahrgang 1970, Bopfingen, Autor und Trainer für Selbstverteidigung: www.protactics-stahl.de

Das „MichaPrinzip"[2] –

Eine Annäherung an eine Lebenshaltung der Zuversicht in Zeiten der persönlichen Krise (Micha 7,7 ff.)

Vor einigen Jahren sind mir während des Lesens in der Bibel einige Sätze im Buch des Propheten Micha aufgefallen und wichtig geworden. Etwas kühn habe ich daraus ein „Micha-Prinzip" formuliert, ohne den Propheten in seiner Botschaft auf diese wenigen Sätze reduzieren zu wollen. Micha ist einerseits der Überbringer schlimmer Zukunftsszenarien, andererseits aber ein mitfühlender Prophet, der um das Wohlergehen seines Volkes ringt. Letzteres kommt in den Passagen im 7. Kapitel des Micha-Buches zum Ausdruck, in denen er das bevorstehende Friedensreich und den kommenden Messias beschreibt. Die von mir als „MichaPrinzip" bezeichnete Leitlinie oder Lebenshaltung ist diesem Hoffen auf die gute Zukunft Gottes entlehnt. Diese kann uns auch heute eine Hilfe und ein Zuspruch im Erleben von persönlichen Krisen, Brüchen und empfundenen Niederlagen sein. Wir dürfen nicht vergessen: Obwohl wir Tausende Jahre später leben, stehen wir doch im Angesicht desselben Gottes. Das „MichaPrinzip"

---

2   Siehe auch: Norbert Lurz, Das MichaPrinzip: Wie aus Niederlagen Siege werden können, Brunnen 2009.

ist dem 7. und 8. Vers des 7. Kapitels des Micha-Buches entnommen und auf vier Schritte heruntergebrochen, die einen
Weg aus der misslichen Lage weisen können. Es handelt sich
um Schritte, die nicht klar voneinander abgrenzbar sind und
zum Teil ineinander übergehen.

1. *Auf Gott schauen („Ich halte Ausschau nach dem
   HERRN."[3])*

Wenn wir uns in einer Misere befinden, eine unverhoffte
Niederlage eingesteckt oder uns selbst in einen schlimmen
Schlamassel geritten haben, ist es wichtig, den Blick von sich
wegzulenken. Entscheidend ist zunächst der Perspektivwech-
sel. Schauen Sie nach oben und entdecken Sie die Weite des
Himmels, der Schöpfung und damit des Schöpfers. Wie bei
Micha darf der hoffnungsvolle Blick auf den Messias gerichtet
werden. In ihm, in Jesus Christus, hat dieser unbegreifliche
und zuweilen geheimnisvolle Gott ein Gesicht bekommen.
Dieses Gesicht blickt uns barmherzig an, wie der Vater aus
dem Gleichnis des verlorenen Sohns, als dieser sah, dass der
Sohn heimkehrte.

2. *Den Schmerz im Angesicht Gottes aushalten („Ich will auf
   Gott warten, der mir hilft.")*

Das ist die vielleicht schwierigste Phase. Niederlagen, Enttäuschungen und Brüche bringen Schmerzen, Trauer und Wut
in unser Leben. Diese Begleiterscheinungen können nicht

---

3 Die Bibeltexte sind der Übersetzung Basisbibel entnommen.

einfach ausgeblendet werden. In einer Phase der Ruhe sollen diese Dinge aufgearbeitet werden – vielleicht auch mit anderen Menschen gemeinsam. Die Trauer und das Loslassen brauchen ihren Platz und ihre Zeit.

3. Den Augenblick wahrnehmen („Auch wenn ich gefallen bin ...")

Solche Phasen sind keine Festveranstaltungen. Sich der misslichen Situation bewusst zu werden, ist aber nötig und wichtig für das weitere Leben. Viele Menschen verdrängen solche Augenblicke, die sie als Demütigungen empfinden. Sie fliehen davor, stürzen sich in Ablenkungen oder versuchen, diese Momente zu verdrängen oder gar umzudeuten. Niederlagen bleiben aber Niederlagen, Krisen bleiben Krisen, Enttäuschungen bleiben Enttäuschungen. „Ich bin gefallen", sagt Micha. Das ist unmissverständlich. Es ist das Gefühl der Ohnmacht. Am Boden liegen bedeutet auch, bewegungslos zu sein. Der Lebensmotor ist ins Stocken geraten. Aber dabei bleibt es nicht.

4. Aufstehen („... stehe ich wieder auf.")

Im Angesicht Gottes gibt es kein Liegenbleiben. Nach der Tiefe der Nacht beginnt das Morgengrauen. Wenn die Punkte 1 bis 3 beherzigt werden, können ungerade Wege am Ende doch gerade werden. Eine schlimme Krise wird zur Chance, ein Holzweg kann sogar in einen persönlichen Königsweg münden. Meine Erfahrung ist, dass Gott neue Wege vor einem erscheinen lässt. Doch gehen, das müssen wir selbst! Wichtig ist: Nicht liegen bleiben, sondern aufstehen! Micha sieht am

Horizont die Zerstörung seines geliebten Jerusalems und weiß dennoch, dass diese Stadt wieder in neuem Glanz erscheinen wird. Wir sind angehalten, Niederlagen und Krisen möglichst abzuhaken und nach vorne zu schauen. Niemand sagt natürlich, dass dies an einem Tag geschehen kann und muss.

„Sitze ich im Dunkeln, ist der HERR mein Licht", sagt Micha. Die Umstände sind bedauerlich und misslich, doch dürfen wir gewiss sein, dass gerade dann das Angesicht Gottes die dunkelste Tiefe erhellt. Alle vier Punkte haben vor allem einen aktiven Aspekt: *Auf Gott schauen* ist eine bewusste Handlung, *den Schmerz aushalten* und *den Augenblick wahrnehmen* bedürfen vielleicht sogar einer besonderen Einübung. Das *Aufstehen* ist nicht zuletzt eine Abfolge unseres körperlichen Bewegungsapparats. *Aufstehen* – auch im Geiste – ist zumeist mit Bewegung verbunden.

Dabei handelt es sich nicht einfach um ein Aufstehen nach dem Fallen, wie wir es im Sport erleben. Oft hören wir von Sportlerinnen und Sportlern: „Aufstehen, Krone richten und weitermachen!" Dieses Zitat dient der Motivation: Man sollte einen Misserfolg einfach abhaken und sich auf die nächste Aufgabe konzentrieren. Das Aufstehen im Sinne Michas ist weitaus tiefgründiger, da es den Blickwechsel hin zu Gott und das Aushalten des Schmerzes voraussetzt. Gemeint ist hier ein Aufstehen an der Hand Gottes, der uns in Jesus Christus an der Seite steht und uns mit seiner starken Hand emporzieht. Natürlich beinhaltet der Blick auf Gott einen Motivationsschub, den es auszunutzen gilt.

In der Logotherapie Viktor Frankls gibt es die Methode der „logotherapeutischen Judorolle". Diese sucht hinter der Klage eine positive Motivationskraft. Die Klage wird ausgesprochen, Positives wird herausgehört und daraus eine Sehnsucht generiert. Diese Sehnsucht kann eine nach vorn ziehende Kraft sein, die zur Stärkung von Menschen führt, die wenig Hoffnung haben. Das „MichaPrinzip" beinhaltet solche Erkenntnisse und geht doch tiefer. Der Blick auf die eigene Not und den misslichen Umstand hilft nicht weiter. Entscheidend ist der Blick nach oben, zu Gott. Dies ist keine Formel allein für religiöse oder fromme Menschen. Im Gegenteil, das „MichaPrinzip" kann von jedermann angewandt werden. Voraussetzung ist allerdings, dass man/frau sich auf das „Abenteuer Gott" einlassen will.

Eine persönliche Erfahrung zum Ende meiner Ausführungen. Es ist noch nicht so lange her, dass ich eine neue Dienststelle angetreten habe. Ein Amt und eine Aufgabe, die mir sehr attraktiv erschienen. Voller Elan habe ich meine neue Stelle angetreten. Nach geraumer Zeit bemerkte ich, dass die Herausforderung zwar durchaus zu bewältigen war aber nicht zu meiner Person passte. Was tun? Ich habe den Blick von mir weggelenkt und in einen größeren Zusammenhang gestellt. Lange Spaziergänge während der Corona-Pandemie waren durchaus hilfreich. Psalm 8 wurde mir dabei wichtig: „Schaue ich hinauf zum Himmel, staune ich über das Werk deiner Finger. Betrachte ich den Mond und die Sterne, die du dort oben befestigt hast, so frage ich: Was ist der Mensch, dass du an ihn denkst, das Menschenkind, dass du dich seiner annimmst?"

Der Blick zum Himmel macht demütig. Mein Problem ist relativ. In einem weiteren Schritt habe ich versucht, die Lage, vielleicht auch das Scheitern, auszuhalten, es zu analysieren und zu verstehen. Den Augenblick wahrnehmen, nicht umdeuten. Wiederum Psalm 8: „Kaum geringer als Gott – so hast du den Menschen geschaffen. Du schmücktest ihn mit einer Krone – so schenkst du ihm Herrlichkeit und Würde." Was für ein fürsorglicher und liebender Gott! Entscheidend ist letztlich, dass die Erkenntnis eine Konsequenz hat. Das Aufstehen fällt zuweilen schwer, ist aber für das weitere Leben und den sich eröffnenden Weg ohne Alternative. Ohne den Blick weg von mir hätte ich es vielleicht nicht geschafft, das Alte loszulassen. Ohne den Blick auf Gott wäre es aber auch nicht gelungen, einen Neuanfang an anderer Stelle zu wagen.

Ich will hier aber auch betonen, dass Krisen, Umbrüche und Niederlagen nicht nur im Erleben schmerzlich sind, sondern auch in der Folge ihre Spuren hinterlassen. Es handelt sich dabei allerdings um Blessuren, die heilen können. Narben mögen bleiben und sind vielleicht auch sichtbar. Wenn neue Wege beschritten werden und einige Zeit vorübergegangen ist, verschwimmen die unfreiwilligen Kurven zumeist im Schauen auf den rückseitigen Horizont. Mir ist es dann oft so ergangen, dass ich im Beherzigen des „MichaPrinzips" die sich neu eröffnenden Wege sogar als die besseren schätzen gelernt habe. Letztendlich dürfen wir uns in Gottes liebenden Händen getragen und geborgen wissen.

Dr. Norbert Lurz, Ministerialrat, Jahrgang 1963, Schönaich

Auf der anderen Seite der Tür

Im Jahr 2021 wurde ich in eine ungewöhnliche Aufgabe geführt. Hätte ich eine Wahl gehabt, hätte ich ihr wohl nie zugestimmt. Doch sie kam als Mischung aus verschiedenen Faktoren in meinem Leben zustande. Dazu gehörten die schlichte Bereitschaft, mich von Gott führen zu lassen, Eigeninitiative und der Schritt aus meiner Komfortzone.

Doch ich will der Reihe nach erzählen. Als Anfang 2021 meine Aufträge als Psychologische Beraterin und Referentin wegen Corona massiv einbrachen, erinnerte ich mich an ein bestimmtes Gebet. Einst aus einem Kalender herausgelöst, lag es schon jahrelang in Reichweite. Jetzt machte ich diese Worte zu meinem Gebet – gekoppelt an die entsprechende Körperbewegung: „Herr, hier sind meine Hände. Lege hinein, was du willst. Nimm hinweg, was du willst. Führe mich, wohin du willst. In allem geschehe dein Wille."[4] Indem ich es sprach, geschah etwas. Es breitete sich Frieden aus. Im Loslassen dessen, was ich so gut geplant hatte, wurde Raum für etwas Neues.

Ich meldete mich im Krankenhaus, wo per Hilfeaufruf Pflegerinnen und Pfleger gesucht wurden. Dabei fiel den Verantwortlichen meine Qualifikation im Bereich der Psycholo-

---

4 Gebet der Lübecker Märtyrer 1944, Quelle: Kalender der OJC 1995.

gie ins Auge. Innerhalb weniger Tage fand ich mich in der Klinik wieder – als Beraterin für PatientInnen der Isolierstation und für das medizinische Personal.

Durch meine hingehaltenen Hände und das simple Gebet fühlte ich mich nun tatsächlich von Gott geführt. Was ich an Fähigkeiten mitbringe, wird ausreichen – so beruhigte ich mich selbst angesichts der riesigen Aufgabe, die vor mir lag.

Bald darauf stand ich in Schutzkleidung vor der Isolierstation. Mit Herzklopfen öffnete ich die schwere Glastür und betrat in roten Gummischuhen die fremde Welt. Es dauerte eine Weile, bis ich mich zurechtfand. Bald war ich mit den Abläufen vertraut und merkte: Nein, hinter dieser Tür ist nicht das Ende der Welt, auch wenn es sich anfangs so anfühlte.

Ich half den Schwestern bei ihren Tätigkeiten und konnte dadurch gut Kontakt zu ihnen aufbauen. Meine Rolle gab mir außerdem das Privileg, freie Zeit und ein offenes Ohr zu haben. Wie oft lief ich in den Monaten der Anstellung langsam über den Flur, hielt betend an Türen inne, las Namen und öffnete dann vorsichtig die Tür. „Darf ich mich kurz zu Ihnen setzen? Oder möchten Sie lieber allein sein?" Für die meisten PatientInnen war dies eine willkommene Abwechslung. Es öffnete sich ein Universum an Lebensgeschichten. Abgeschnitten von ihren Lieben, in Ungewissheit über die Zukunft und unfähig, irgendwo hinzugehen, wollten die meisten Menschen einfach nur reden.

Daraus ergaben sich die vielfältigsten Gespräche, die oft genau den neuralgischen Punkt der Patienten zum Inhalt hatten. Vorsichtig tastend folgte ich dem Erzählstrang der

Menschen, um dann an irgendeinem Punkt ermutigend hineinzuwirken. Mit einer Geste, einem Wort, einer Frage oder Bestätigung. Daraus entstanden kostbare, gelegentlich auch heilige Momente.

Ich durfte in FOCUS Online über meine Erfahrungen berichten. Eine Episode daraus möchte ich auch hier teilen.

„Und wieder trete ich in voller Schutzmontur ans Bett einer schwer erkrankten Patientin. Wir kennen uns schon. Heute wirkt die kleine Frau besonders zerbrechlich. Sie liegt schwach in ihren Kissen und schaut mich aufmerksam an. Die Sauerstoffmaske hat ihren Nasenrücken wund gescheuert. Ich greife behutsam ihre Hand. Unser Gespräch bringt uns zum Lied „Der Mond ist aufgegangen". Frau W. freut sich, dass ich es auch kenne. Erst beginne ich die Melodie zu summen. Dann fange ich einfach zu singen an. Frau W. stimmt mit kurzatmigen Textfetzen ein. Ich verlangsame mein Tempo, bis wir ein Gleichmaß gefunden haben. Als ich mich im Text verhaspeln, sagt Frau W. geduldig: „Das macht nichts." Mitten in der vorletzten Strophe – der Strophe vom Sterben – weiß ich nicht mehr weiter. Beim Singen für meine Kinder hatte ich sie immer übersprungen. Die letzte Strophe kommt dann wieder flüssig: „... verschon' uns Gott mit Strafen und lass uns ruhig schlafen und unsern kranken Nachbarn auch."[5]

Lieder erwiesen sich als gute Türöffner. Nur anfangs war es befremdlich, schon bald fühlte es sich immer natürlicher

---

5 https://www.focus.de/gesundheit/coronavirus/hat-das-leben-veraendert-von-liedern-und-traenen-das-erlebt-eine-psychologische-beraterin-auf-der-isolierstation_id_13087920.html.

an. Oft fragte ich Patienten, ob sie ein Lieblingslied aus ihrer Kindheit hätten. Und schon waren wir beim Thema. Sie erzählten, wer damals für sie sang und was sie mit dieser Erfahrung verbinden. Am liebsten sang ich das Lied „Weißt du, wie viel Sternlein stehen". Wenn dann meine Hand die Hand des Patienten berührte, konnte ich beim „*dich*" der letzten Strophe einen kleinen Druckimpuls aussenden und dazu bestätigend nicken: „Kennt auch *dich* und hat dich lieb, kennt auch *dich* und hat dich lieb."

In manchen Begegnungen schenkte Gott mir kreative Ideen, um eine Brücke zu schlagen. Zum Beispiel bei dem alten Herrn im gestreiften Satinschlafanzug. Wir kannten uns schon von einigen persönlichen Gesprächen. Ich wusste, dass seine Frau vor Jahren gestorben war. Nun hatte er sichtlich abgebaut und ich reichte ihm das Abendbrot. Er sollte am nächsten Tag in ein Heim verlegt werden. Zum Abschied sagte ich: „Gibt es noch irgendetwas, das ich für Sie tun kann? Ich könnte singen, beten, segnen – und streicheln." Das letzte Wort war mir direkt aus dem Himmel ins Herz und auf die Lippen gefallen. Prompt antwortete der matte Senior: „Ja, streicheln wäre jetzt schön." Gerührt streichelte ich zart seine rechte Wange. Dabei war ich gar nicht sicher, was durch die blauen Gummihandschuhe hindurch bei ihm ankam. Er hielt die Augen geschlossen. Plötzlich sagte er im innigen Tonfall: „Es ist, als ob mich die Hände meiner Frau streicheln würden." Behutsam frage ich nach: „Und was würde Ihre Frau zu Ihnen sagen?" – „Komm zu mir, Manfred. Komm zu mir …"

Nach solchen Episoden brauchte ich anschließend einen Moment der Stille auf dem Flur, um mich wieder zu sammeln. Anschließend ging es zur nächsten Tür, um nach einem „Herr, bitte hilf mir"-Gebet erwartungsvoll anzuklopfen. Was mich hinter der Tür erwartete, glich immer einer Entdeckungsreise. So wie der Abschied von Frau W., die ich eingangs erwähnte.

Als ich Frau W. beim nächsten Dienst wieder aufsuchte, lag sie im Sterben. Leise sang ich ihr noch einmal das Lied vor – „Der Mond ist aufgegangen". Ich hatte den Text inzwischen aufgefrischt. Frau W. öffnete die Augen und wendete mir ihr Gesicht zu. Später wollte sie nur noch, dass ich still bei ihr blieb und ihr die Hand hielt. Zwischendurch sagte sie ein paarmal: „Du bist ein liebes Mädchen!" Gerührt antwortete ich ihr: „Und Sie sind eine freundliche Frau." Ihre Hand hielt mich fest, sobald ich eine kleine Bewegung machte, um mich leise zu entfernen. Ich schmunzelte und blieb noch länger sitzen. Später fragte ich sie: „Darf ich Ihnen noch einmal die Lippen anfeuchten?" „Gerne." Ihre Hand löste sich. Mit einem Stielschwämmchen wischte ich Frau W. vorsichtig über die Lippen. Dann streichelte ich sie zart und verließ mit einem Segensgebet im Herzen leise das Zimmer.

Für begrenzte Augenblicke durfte ich verbunden sein mit Menschen in ihrer Einsamkeit, Sorge oder Angst. Oder ich sah Lebensmut aufblitzen, Gottvertrauen und Zuversicht. Wie ich Gottes Begleitung dabei erlebt habe? Er hat mich durch die Monate getragen, das wenige, was ich hatte, wunderbar vermehrt und mich mit Weisheit beschenkt. Gott hat mein Gebet tatsächlich erhört.

Christina Ott, ehemals Krankenschwester, heute Psychologische Beraterin, Referentin und Autorin, Jahrgang 1967, Nürnberg

Geschichte vom Strand

Es war ein lauer Sommerabend am Meer mit Sonnenuntergang – so ein Abend zum Träumen, zum Staunen und In-
nehalten, ein Gefühl, das es so vielleicht nur am Meer gibt.
Ich machte Fotos an der Kugelbake, unserem Seezeichen und
Wahrzeichen der Stadt Cuxhaven. Dann stand ich in den
Wellenmustern des Watts und staunte über die Ruhe. Es war
kaum ein Mensch dort.

Ein kleines Mädchen, vielleicht acht Jahre alt, stand ebenfalls im Watt und schaute den Schiffen zu. Ich hatte gar nicht
bemerkt, dass sie näher gekommen war. Sie sprach mich
plötzlich an. „Magst du Schiffe? Magst du die Schiffe lieber
mit Menschen drauf oder die mit den Containern?" Ihr Blick
wanderte vom Wellenmuster des Watts langsam in mein Gesicht, neugierig abwartend, was ich sagen würde …

Ich sagte ihr, ich wisse es nicht, aber ich stellte mir die Schiffe
mit Menschen bunter und fröhlicher vor, voller Leben, Musik,
Tanz und Spiel. Aber die Schiffe mit den Containern brächten
uns Waren aus der ganzen Welt und das sei auch wichtig.

Sie sagte: „Mein Vater fährt auch auf so einem Schiff und er
kommt jedes Jahr einmal zu Besuch. Mama und er leben nicht
mehr zusammen. Nur in diesem Jahr kommt er nicht …"

Sie machte eine lange Pause und ich sah Tränen in ihrem
Gesicht, in denen sich der Sonnenuntergang spiegelte. Ich sah

aufs Watt, nahm zwei Muscheln vom Strand, die ich vor meinen Füßen entdeckt hatte, und schrieb auf die eine mit einem Stift „Papa" malte ein Herz, gab ihr die und wir warfen sie gemeinsam ins Meer. Wir schwiegen einige Zeit und sie nahm langsam und vorsichtig meine Hand und drückte sie einmal ganz fest. Die zweite Muschel versah ich mit dem aktuellen Datum und schenkte sie ihr. Wir standen noch etwas dort und schauten auf die Wellen.

Kurze Zeit später verabschiedeten wir uns. „Ich gehe jetzt zu Mama", sagte sie, „die wartet in der Ferienwohnung hinterm Deich. Mach's gut, vielleicht besuche ich dich mal in deinem Jugenddienst." Sie lächelte und ging. Ich dachte noch lange über diese Begegnung nach. Drei Tage später steckte ein Zettel in meinem Briefkasten am Jugenddienst; auf dem stand nur ein Satz: „Papa kommt doch. Danke."

Manchmal schreibt das Leben traumhafte Geschichten oder Gottes Güte wird sichtbar.

Matthias Schiefer, Diakon, Jahrgang 1965, Cuxhaven

Bekenntnisse am Sterbebett

Als ich als Assistenzärztin in einer Klinik arbeitete, wurde ich Zeuge eines Ereignisses, das zugleich tragisch und tröstlich war. Bei einem 13-jährigen Mädchen hatte man einen inoperablen Hirntumor diagnostiziert. Inzwischen konnte sie bereits nicht mehr schlucken, sprechen und musste beatmet werden. Allmählich verlor sie zunehmend das Bewusstsein, befand sich aber noch in einem schlafähnlichen Zustand.

Das Mädchen war ein Einzelkind und ihre Eltern waren schon etwas älter, als es auf die Welt kam. Einige Wochen bevor man die Krankheit diagnostiziert hatte, hatte sie auf einer Konfirmandenfreizeit erfahren, dass der Glaube ein Geschenk ist, das Gott uns ohne Bedingungen geben möchte – und sie hatte dieses Geschenk angekommen.

Am Ostermorgen hatte ich Dienst auf meiner Station und wie immer hatte ich auch mein kleines Neues Testament dabei. Ich las Mutter und Tochter den Predigttext für diesen Tag vor, der im 8. Kapitel des Römerbriefes stand.

Als ich Vers 35 vorlas – „... wer will uns scheiden von der Liebe Christi?" –, hauchte das Mädchen deutlich hörbar: „Nichts!"

Wenig später starb das Mädchen.

Dr. med. Waltraud Güntsch, Nervenärztin/Psychotherapeutin, Jahrgang 1941, Puschendorf

Christus – für dich gegeben

Emmauskirche Feldkirchen-Westerham, eine noch junge Gemeinde südöstlich von München. Es ist der Abend vor meiner Konfirmation. Ich stehe zum ersten Mal wie die Erwachsenen im Kreis um den Altar. Mir, dem 14-Jährigen, geht viel wirres Zeug durch den Kopf. Fragen, Spannungen und Ängste. Mein Körper ist voller verrückter Hormone. Dazu das chronisch drohende „Vorrücken gefährdet" in der Schule. Und im Hintergrund die wegen der Konfirmation völlig aufgeregte Familie und die Sorge, ob sich denn alle vertragen oder ob sich A wieder über B ärgert und C dann die Ohren volljammert. Mitten in diesem Gedankenwirrwarr steht mein Konfirmationspfarrer vor mir, in festlicher weißer Albe und roter Stola. Er reicht mir die Hostie und den Kelch. „Wow", denke ich, „wie groß ist das denn?!" Ausgerechnet in mein konfuses Leben kommt dieses „Christus, für dich gegeben". „Ob jetzt gleich was Besonderes mit mir passiert?", hatte ich mich vorher gefragt. Ich bin derselbe Mensch geblieben, doch war es ein intensiver Moment: Jetzt, hier ist Gott, ist Christus für mich da.

Und so ist mir das Abendmahl zur Herzensspeise meines Glaubens geworden, die mich satt macht und stärkt – immer wieder, an den vielen Orten meines Lebens. Denn hier erlebe ich konkret, wie sich dieses Christuswort mit Leben füllt: „Ich bin bei euch alle Tage, bis ans Ende der Welt." Dieses Da-Sein begleitet mich auf meinen Lebenswegen. Und verdichtet erlebe ich es in Abendmahlsfeiern. Das gesegnete Brot essen, wenn möglich den gesegneten Wein trinken – da ist er, bei mir, in mir … und auch bei denen um mich herum … – eine sichtbare, erlebbare Gemeinschaft durch ein gemeinsames, von Christus geschenktes Ritual, eine „communio" mit den Menschen hier in der Kirche und mit den vielen in anderen Kirchen und Konfessionen überall auf der Erde. Eine Gemeinschaft auch mit denen, die früher gelebt haben und nicht mehr unter uns sind, mit unseren Toten.

Wir sind nach meiner Konfirmation in einen anderen Ort näher an München umgezogen. Es gab dort keine evangelische Kirche. Ich vermisste meine Konfirmationskirche, meinen Pfarrer, die Lieder, das Abendmahl und der Weg zur nächsten evangelischen Kirche war erst mal zu umständlich. Ich ging dann öfter mal in die katholische Kirche im Dorf. Manches war ein bisschen anders, aber das mir Wichtigste war ähnlich: Das Gefühl, die Atmosphäre: Hier ist Christus da für uns, besonders im Sakrament. Ich lernte das Orgelspiel und war regelmäßig als Organist tätig, gleichzeitig in katholischen und evangelischen Gottesdiensten. Kein Sonntag ohne mindestens zwei Gottesdienste und kein Sonntagsgottesdienst ohne Abendmahl, in beiden Konfessionen. Ich war hier wie dort willkommen; Hans, der katholische Diakon, brachte mir die Kommunion sogar an die Orgelbank. Die Nähe zum Sakrament suchen und gestalten – das war mir schon als Jugendlicher sehr wichtig.

Die schönste Rückmeldung als Organist bekam ich in einer Geburtstagskarte, als ich 21 wurde. Der junge evangelische Pfarrer schrieb: „Danke, Florian, durch dich habe ich erfahren, dass der Gottesdienst und das Abendmahl etwas richtig Heiliges sind."

Seit ich 13 bin, will ich Theologie studieren und Pfarrer werden, Christus feiern, Gottesdienste gestalten, predigen und das Abendmahl feiern. Mit Begeisterung habe ich studiert und viele theologische Richtungen kennengelernt. Mit meiner Promotion zum Thema „Ökumenische Gottesdienstgemeinschaft" konnte ich meine Liebe zu Gottesdienst, Liturgie, Abendmahl und Ökumene vertiefen.

Mein Glaube lebt aus dem Abendmahl. Dieser Glaube kennt Krisen, manchmal richtig schmerzliche. Die Abendmahlskultur, die ich als Kind und Jugendlicher kennen und lieben gelernt habe, ist kein evangelischer „Mainstream".

Eine intensive, offen gelebte Liebe zu Sakrament und Liturgie wirkt unter ProtestantInnen oft als fremd, „zu katholisch" oder „hochkirchlich" und ich wurde auch in Schubladen gesteckt, die für mich nicht passen. Ich bin für meine Spiritualität auch belächelt worden. Auch von Kollegen und das hat auch wehgetan und verletzt. Dass ich schwul bin, hat in der evangelischen Kirche weniger irritiert als meine Liebe zu den Sakramenten. Ich schätze an meiner evangelischen Kirche, dass sie verschiedene Spiritualitäten zulässt und keine Uniformität verlangt. Ich weiß aber auch, dass ich mit meiner Liebe zu Liturgie und Sakramenten nicht alleine bin.

Liebe zum Abendmahl und zu liturgischer Hochkultur heißt nicht automatisch, dass man konservativ, autoritär, patriarchal-frauenfeindlich, un- oder gar antiliberal ist. Das Abendmahl macht sensibel für den Menschen vor, neben und hinter mir. Gottes- und Nächstenliebe kommen hier zusammen: Ich erfahre bis ins Körperliche hinein: Ich bin von Christus angenommen, so wirklich wie Brot, Wein und ich hier jetzt da sind. Und die Frau, das Kind, der Mann neben, vor und hinter mir auch. Christus – für dich, für euch gegeben.

Meine Glaubensgeschichte hat mich auch ein bisschen zu einem Grenzgänger zwischen den Konfessionen werden lassen. Kirchlich zu Hause fühle mich dort, wo zu Predigt und Musik auch Brot und Wein, Leib und Blut Christi gereicht werden. Ich habe die Eucharistie auch in anglikanischen und einigen katholischen Kirchen als offen für mich erlebt. Und dafür bin ich dankbar. Ich glaube: Die Sehnsucht nach Christus oder vielleicht auch nur die Sehnsucht nach der Sehnsucht ist ein hinreichender Grund, um am Abendmahl teilzunehmen.

Die interessanteste Begründung für das häufige(re) Abendmahl habe ich bei Paul Tillich gefunden, einem evangelischen Theologen: Das Abendmahl ergreift auch die unbewussten und unterbewussten Schichten meiner Existenz, nicht nur primär die bewussten und kognitiven wie bei der Predigt. Und so erlebe ich es auch: Beim Sakrament geschieht viel mehr an, in und mit mir, als ich in Worte fassen kann.

Ich wünsche mir, dass wir Evangelische das Abendmahl – wie überhaupt Liturgie und Spiritualität – neu kennen und

schätzen lernen. Das geschieht durch Übung und Regelmä-
ßigkeit, durch Offenheit und Achtsamkeit. Predigt, Gebet,
Musik und Lied sind selbstverständliche, regelmäßige Be-
standteile des Gottesdienstes, Medien der Gegenwart des
Heiligen. Warum nicht das Abendmahl genauso regelmäßig
erwarten und halten wie die Predigt?

Für mich ist das Abendmahl genauso wichtig und liebens-
würdig wie die anderen Schätze unserer evangelischen Tradition: Die Musik, das gemeinsame Lied und die persönliche
und kritische Predigt, die zum Nachdenken anregt und den
Geist öffnet.

*Dr. Florian Ihsen, Pfarrer und stellvertretender Rundfunk-
beauftragter der Evangelisch-Lutherischen Kirche in Bayern,
Jahrgang 1976, München*

Warum? Oder doch eher wozu?

Ich bin in einem Elternhaus aufgewachsen, das sehr von Leistungsdruck und wenig elterlicher Liebe geprägt war. Ich musste immer noch besser werden. Wenn ich zum Beispiel mit einer 2 in Erdkunde nach Hause gekommen war, war die typische Reaktion meines Vaters: „Hätte auch eine 1 sein können, schließlich ist Erdkunde ein reines Fleißfach!"

Ich war lange Leistungsschwimmerin, aber auch das nur, um den Vorstellungen meines Vaters zu entsprechen. Natürlich war ich auch hier nie so gut, wie man es sich von mir gewünscht hätte.

Es war einfach nicht möglich, meinen Eltern auf allen Ebenen zu genügen ...

Das macht was mit einem Kind. Ich wollte doch einfach nur geliebt und angenommen werden von meinen Eltern – so wie ich bin. Etwas dick, nicht die schnellste Schwimmerin, keine Einserschülerin, aber sonst doch ein tolles Mädchen.

So mit 15 Jahren begannen sich mein Körper und meine Psyche gegen diesen Druck zu wehren. Ich bekam Ängste und eigentlich hatte ich immer Magenschmerzen. Ich schaffte das Fachabi (bis heute wissen meine Eltern nicht, dass ich es nur mit einem Durchschnitt von 3,2 bestanden habe, aber ich wurde später nie wieder danach gefragt – auch von keinem Arbeitgeber) und begann eine Ausbildung zur Arzthelferin.

Ab meinem 18. Geburtstag (mitten im Abischuljahr) hatte ich nämlich plötzlich keine finanzielle Unterstützung mehr von meinen Eltern bekommen. Ich erhielt dann aber eine Ausbildungsvergütung und mein Kindergeld – genug, um endlich aus meinem Elternhaus auszuziehen. Meine Ängste kamen aber mit in die neue Wohnung. Im dritten Lehrjahr musste ich dann meine Ausbildung unterbrechen. Ich konnte nicht mehr. Der ständige Druck war mir zu viel. Einmal sprach ich mit meinem Vater über das Mobbing, das ich während meiner Ausbildung erlebte, und er sagt nur, dass Aufgeben keine Option wäre und ich weitermachen soll. Druck.

Ich heiratete und bekam zwei Kinder. 2010, kurz vor meinem 30. Geburtstag, hatte ich einen Zusammenbruch. Panikattacken und eine Therapie folgten. Ich musste alles wieder lernen, angefangen vom Einkaufengehen. Ich kam mir vor wie in einer großen schwarzen Blase. Und immer wieder stellte ich mir die Frage nach dem Warum oder eben dem Wozu. Ich haderte mit meinem Schicksal. Warum konnte ich nicht wie die anderen einfach leben? Warum machten und machen mir die kleinsten Sachen manchmal solche Angst? Ich konnte und kann in schweren Phasen der Angsterkrankung z.B. nicht allein sein; ich brauche ständige Absicherung und so vieles mehr. Doch warum? Darauf habe ich noch nie eine Antwort bekommen.

2020, Corona-Pandemie. Ungewissheit, Angst, Sorgen nehmen die ganze Welt gefangen. Zu dem Zeitpunkt arbeitete ich schon zwei Jahre im Lebensmitteleinzelhandel an der Kasse.

Der Job hat mit richtig Spaß gemacht. Okay, die Weihnachtszeit war immer schon sehr herausfordernd, weil alle so „gute Laune" haben und sich auf das Fest freuen. (Meine Kunden sind eigentlich durchgehend in „Vorweihnachtsstimmung". Sie kaufen mit sehr schlechter Stimmung viel zu viele Lebensmittel.) Im Frühling 2020 wurde die Angst auch während der Arbeit immer spürbarer, im Sommer wurden die Hamsterkäufe immer schlimmer. Klopapier wurde zum „Must-have".

An einen Tag kann ich mich noch ganz genau erinnern. Ich saß in unserer Filiale in Kreuzberg an der Kasse. Normalerweise ein ruhiger Dienst, weil es eine kleine Filiale ist. Doch dieser Freitag war ganz anders. Kurz vorher wurde bekannt gegeben, dass die Schulen am Montag schließen werden. Voller Unsicherheit und Angst kauften die Leute wie verrückt alles ein. Ich machte den doppelten Umsatz an meiner Kasse wie normalerweise.

Eine Mutter mit ihren Kindern stand bei mir an der Kasse und kaufte Konserven, Klopapier und eben das, was einem für den Notfall empfohlen wurde. Ich versuchte, sie zu beruhigen, und sagte: „Ich kann Ihnen versprechen, dass wir nicht schließen werden. Sie werden immer Essen kaufen können." Das hat sie etwas beruhigt. Ich habe ihren Einkauf abkassiert und mich dann kurz zurückgelehnt und überlegt: „Müsste ich nicht eigentlich diejenige sein, die Angst hat?"

Da ist sie – die Antwort nach dem Warum für meine Angsterkrankung. Ich kann verstehen und helfen, wenn jemand Angst hat. Ich konnte dieser Frau etwas die Angst nehmen oder meinem Kollegen, der eine Panikattacke hatte, beistehen, weil ich weiß, wie es sich anfühlt, Angst und Panik zu haben.

Das macht es nicht unbedingt einfacher, aber es gibt meiner Erkrankung einen Sinn.

Marlies Groell, Hausfrau, Jahrgang 1980, Berlin

Wenn der Himmel die Erde berührt

An einem langen Konferenztag hatte die Europäische Evangelische Allianz alle ihre Facetten gezeigt: Seminare und Sitzungen, geistliche Strategien und Gerangel um Mitgliedsbeiträge. Mit vielen der Mühen versöhnte das komfortable Konferenzhotel an der türkischen Westküste, dessen großzügige Bar sich nach der Abendveranstaltung rasch füllte. Ein linder Wind vom Mittelmeer und fruchtiger Rotwein aus der Region zauberten bald entspannte Züge in die Gesichter. Und da war ja auch die Combo, die das anschwellende Gemurmel mit leichten Klängen unterlegte. Eine Band, wie man sie sich in einem Hotel in Kuşadası vorstellt: Die Frauen im Mini und die Männer Machos. Sie spielten abwechselnd aktuelle internationale Hits und türkische Folklore.

Nach einiger Zeit erhob sich Lisias von seinem Stuhl, ging Richtung Bühne und gestikulierte mit seinen Kollegen. Lisias ist nämlich auch Musiker und hatte uns schon drei Tage lang im Lobpreis geleitet. Ein Mann des Glaubens mit einer bewegenden Lebensgeschichte, der aus seiner griechischen Heimat zu uns gestoßen war. Als Vollblutmusiker hatte er sofort einen Draht zu den Künstlern auf der leicht erhöhten Bühne. Wenige Worte waren gewechselt worden und schon wurde er eingeladen, am Keybord Platz zu nehmen, von wo er zunächst die Songs mit den erwartbaren Harmonien unterlegte. Lisias ging geradezu in der Band auf und gemeinsam sangen sie von der Liebe, von türkischen Mädchen und griechischem Wein. Oder war es umgekehrt? Egal, die Stimmung hätte nicht besser sein können.

Als sie sich so aufeinander eingegroovt hatten, war es nur natürlich, dass auch der Gastmusiker Titel aus seiner Heimat einbrachte, und trotz der latenten Gegnerschaft der beiden Nachbarvölker fanden sich türkische Schönheiten bald in griechische Texte und die Instrumentalisten in Klänge von der anderen Seite der Ägäis ein. Aber das war es noch nicht. Der charmante Grieche stimmte bald auch Songs aus seinem kirchlichen Repertoire an und wie selbstverständlich entführte er die Mitmusikanten auf den Schwingen der Musik in die Welt der christlichen Texte. Die islamisch geprägten Kollegen fanden sich gekonnt ein und lernten schnell die Texte – zumindest die der Refrains. Es war einfach faszinierend zu erleben, wie die Musik nicht nur Kulturen verbindet, sondern auch Herzen bereit macht, die Botschaft des Evangeliums an sich heranzulassen und sich sogar in dessen Weitergabe hineinzugeben.

Schließlich steuerte Lisias über die Brücke verschiedener Modulationen in die Sphäre alter englischsprachiger Hymnen hinein und als Höhepunkt fand sich die ganze Gruppe in dem schwungvollen Gospel „Oh happy day" wieder. Damit wurde es wahrhaftig magisch. Vor einem gemischten Publikum aus türkischen Urlaubern und christlichen Konferenzteilnehmern intonierten muslimische Musiker in immer neuen Improvisationen den Kernsatz der christlichen Botschaft

„… when Jesus washed my sins away". Sie sangen von den goldenen Gassen des himmlischen Jerusalem und der wunderbaren Aussicht, einmal gemeinsam bei Jesus im Himmel zu sein. Und in immer neuen, in Dynamik und Lautstärke sich steigernden Sequenzen „Oh happy day, when Jesus washed my sins away". Sänger und Instrumentalisten wurden spürbar ergriffen von dem, was sie dort kundtaten, und keiner der Zuhörer blieb davon unberührt. Erst wippten die Füße und bald formten auch die Lippen jener Zuhörer, die schon mit der Muttermilch aufgesogen hatten, dass Jesus keinesfalls als Gott angesprochen werden darf, diese Worte: „… when Jesus washed my sins away".

Es dauerte nur etwa dreißig Minuten, denn Lisias hatte nicht vergessen, dass er nur Gast auf der Bühne war und sich in das Programm der Band einzufügen hatte. Aber es war ein magischer Moment, eine wahrhaft heilige halbe Stunde. Alle spürten, dass hier etwas Besonderes geschehen war. Niemand konnte sich diesem Zauber entziehen. Tränen schimmerten in den Augen und für einen Augenblick waren Christen und Muslime zumindest in der Sehnsucht und in der Ahnung vereint, dass Jesus der Schlüssel zum Frieden mit Gott und zur Freiheit ist. Gott hatte sich aus Menschen, die ihn wohl weder kannten noch ihn bis dahin gesucht hatten, Boten erweckt. Der Himmel hatte die Erde berührt.

Immer wieder denke ich an diesen Abend, der nun schon einige Jahre zurückliegt. Ich danke Gott für das Geschenk der Musik, die alle Grenzen überwinden kann. Grenzen der Kulturen, Grenzen der Generationen und die Grenze zwischen

Himmel und Erde. Ich staune über Gottes Möglichkeiten, sich Diener und Boten zu berufen – wann immer und wie immer er es möchte. Ich ahne etwas von der Verheißung des Propheten, dass sich eines Tages alle Menschen zur Anbetung Gottes zusammenfinden werden. Ich glaube neu, dass Gott mich als seinen Boten gebrauchen kann, auch wenn ich dazu von mir aus weder Motivation noch Qualifikation habe.

Rudolf Westerheide, Pfarrer und Organisationsentwickler, Jahrgang 1960, Lemgo

Viktoria zum Gedächtnis

Eine Beerdigung kam in meiner damaligen Arbeit in der Ukraine eher selten vor. Gemeindebesuche, Gottesdienste, Seelsorge, Verwaltungsaufgaben, Sitzungen, Tagungen, Leiten, Zuhören, Raten, Beten, Mitleiden – das waren meine „normalen" Aufgaben. Doch an einem grauen, verregneten Dezembertag des vergangenen Jahres begleitete ich ein verstorbenes Gemeindeglied zu seiner letzten Ruhestätte. Viktoria gehörte zu unserer Gemeinde in Odessa. Beim Trauergottesdienst auf dem Friedhof sehe ich bei geöffnetem Sarg auf ihr schönes Gesicht. Ich spreche die Worte der Liturgie: „Wir wollen Abschied nehmen von Viktoria." Plötzlich wird mir bewusst: Viktoria heißt „Sieg". Ich frage mich: Wo ist denn hier der Sieg? Krebs hat ein junges Leben zerstört. Ich spreche weiter: „Wer sie lieb gehabt und geachtet hat ..." Neben dem Sarg steht ihre Mutter. Sie umarmt und küsst ihre tote Tochter. Links und rechts von ihr stehen eine Handvoll Gemeindeglieder. Mit einigen von ihnen hatte Viktoria vor ein paar Jahren einen Bibelkreis begonnen. Diese Freunde hatten sich in den letzten Wochen ihren Lebens rührend um sie gekümmert. Auch mein ukrainischer Kollege, der mich übersetzt. *Wo ist hier der Sieg?*

„Wen sie lieb gehabt hat ..." Sie hatte nie aufgehört zu lieben. Sie war mit einem orthodoxen Priester verheiratet. Als er ihr untreu war, trennte sie sich von ihm. Sie wurde Mutter von Zwillingen. Die Säuglinge starben, weil es im Krankenhaus des Dorfes, in dem sie wohnten, nicht die notwendigen medizinischen Mittel gab. Viktoria war ihr Leben lang eine Gottsucherin. Sie wuchs im orthodoxen Glauben auf, gehörte eine Zeit lang zur Heilsarmee und freundete sich dann mit unserer Kirche an, die ihr zur Heimat wurde. Sie war begabt, belesen, gebildet. Sie wollte eine Missionarin sein. Noch bei ihrem letzten Krankenhausaufenthalt bezeugte sie den Ärzten ihren Glauben. Das erzählte sie mir, als ich sie zum Abendmahl und zur Krankensalbung besuchte. Sie wäre gern Prädikantin in unserer Gemeinde geworden. *Wo ist hier der Sieg?*

„Wer ihr etwas schuldig geblieben ist an solcher Liebe ...“ Sie selber sagte vor Kurzem: „Ich kann mich an gute Zeiten nicht erinnern. Es gab keine guten Zeiten für mich.“ Sie kannte ihren Vater nicht. Sie wurde oft enttäuscht. Ich denke zu Gott hin: „Gott, bist du ihr nicht ein befriedigendes Leben schuldig geblieben?“ Im selben Augenblick weiß ich: Sie würde ein solches Gebet ablehnen. Sie würde sagen: „Mein Glaube ist mein Sieg.“

Der Sarg wird verschlossen und zum Grab getragen. Ich singe wieder Worte der Liturgie. Freilich müssen sie übersetzt werden. Dieser alte Abschiedsvers macht mich siegesgewiss:

„Zum Paradies mögen Engel dich geleiten, die heil'gen Märtyrer dich begrüßen und dich führen in die heil'ge Stadt Jerusalem. Der Chor der Engel möge dich empfangen, und durch Christus, der für uns gestorben ist, soll ewiges Leben dich erfreuen.“

Als ich zu den Worten „Erde zur Erde ..." dreimal mit den Händen (eine Schaufel sehe ich nicht) Erde ins Grab werfe, bin ich erstaunt, dass plötzlich alle mithelfen. So sind sie es gewohnt. Sie bücken sich oder knien sich nieder und werfen Erdbrocken ins Grab – bis das Grab ganz aufgefüllt ist. Abschied nehmen ist schmerzlich schwer. Aber dann wird sofort das Zeichen des christlichen Sieges, das Kreuz, in die frisch aufgehäufte Erde gesteckt. „Pass auf, es steht schief", ruft ein Gemeindeglied dem Friedhofswärter zu.

Als ich auf dem Rückweg den Friedhof durchquere, sehe ich, dass vor vielen Gräbern Bänke und Tische stehen. Angehörige besuchen ihre Verstorbenen. Sie scheuen sich nicht, vor den Gräbern, gleichsam „mit" den Menschen, die ihnen immer noch nahestehen, zu essen und zu trinken. Sie glauben an die Gemeinschaft der Lebenden und der Toten, der streitenden und der erlösten, feiernden Kirche.

Georg Güntsch, Pfarrer, Dekan i.R., Bischof der DELKU i.R., Jahrgang 1941, Puschendorf

Der Kampf um meine Stimme

Beim Singen im Gottesdienst merkte ich zum ersten Mal, dass etwas nicht stimmte. Plötzlich spürte ich einen brennenden Schmerz in meinem Hals. Es fühlte sich an, als ob jemand mit einem Messer an meinen Stimmbändern entlangfahren würde. Am Anfang kamen die Schmerzen zum Glück erst nach ein paar Liedern, doch irgendwann schon bei den ersten Noten. Als es so schlimm wurde, dass ich nicht einmal mehr ohne Schmerzen sprechen konnte, ging ich zum Facharzt. Die Diagnose: organische Dysphonie – eine chronische Stimmstörung. Eine OP am Stimmband als Kind hatte Narben hinterlassen, durch die das Sprechen schwieriger wurde. Um das auszugleichen, hatte ich die letzten 20 Jahre unbewusst meine Stimme falsch verwendet und mit zu viel Druck gesprochen. Nie hatte mir jemand gesagt, worauf ich beim Sprechen achten sollte. Was jahrelang keine Probleme machte, kam nun umso deutlicher zutage. Meine Stimmbänder waren überreizt und entzündet. Ich erinnere mich noch genau, wie ich bei diesem Arzttermin war und die Ärztin mit einer kleinen Kamera meine Stimmbänder untersuchte. Alles war rot und gereizt, sodass ich das Ausmaß der Schädigung mit eigenen Augen sehen konnte. In dem Moment überkam mich die Angst, dass ich nie wieder normal würde sprechen oder singen können, mit voller Wucht. „Sie werden Ihr Leben lang eingeschränkt sein und immer wieder Logopädie brauchen" war das vernichtende Fazit der Ärztin.

Die Diagnose traf mich wie ein Schlag in die Magengrube. Denn Musik und Singen waren schon immer ein Teil meines Lebens. Als kleines Kind bin ich oft singend durchs Haus gelaufen und habe von klein auf in verschiedenen Chören gesungen. Jesus mit Liedern anzubeten, ist daher auch mein Zugang in seine Gegenwart. Außerdem bin ich ein sehr kommunikativer Mensch. Ich liebe es, zu moderieren, Geschichten zu erzählen und Menschen zum Lachen zu bringen. Kurz gesagt – Singen und Sprache sind ein wichtiger Teil von mir. Der Gedanke, dass das plötzlich alles nicht mehr möglich sein sollte und ich mein Leben lang stimmlich eingeschränkt sein würde, war für mich unerträglich.

Zusätzlich waren da die Gedanken nach dem Warum. Warum hatte Gott zugelassen, dass ich als kleines Kind bei der OP dauerhaften Schaden erlitt? Warum gerade ich? Ist mein Lobpreis Gott am Ende gar nicht wichtig? Ich fühlte mich meilenweit entfernt von diesem Gott, der doch versprochen hatte, auf mich aufzupassen und immer bei mir zu sein.

Auf die Diagnose der chronischen Stimmstörung folgten zahlreiche Stunden Stimmtherapie. Die ersten Monate waren sehr anstrengend. Ich hatte kein Gefühl für meine Stimme, konnte nichts „spüren" und hatte keine Ahnung, was es bedeutet, „richtig zu sprechen". Mehr als einmal brach ich in der

Stunde in Tränen aus. Wie sollte ich jetzt plötzlich etwas anders machen, das ich als Kind gelernt und bisher anscheinend unbewusst falsch gemacht hatte?

In der Zeit der Stimmtherapie ging mir der Gedanke nicht aus dem Kopf, dass Gott mich doch ganz leicht heilen könnte. Ich wusste, dass nur ein Wort von ihm ausreichen würde, und meine Stimmbänder wären gesund. Das Wort „chronisch" gibt es bei Jesus nicht, das wusste ich tief in mir drin. Ich hatte schließlich auch seine Berufung in meinem Leben gespürt, seine Wahrheit an andere weiterzugeben, dann kann er doch auch meine Schmerzen wegnehmen. So betete ich oft und voll Vertrauen um Heilung – und tue das noch immer.

Denn Gott hat mich bis heute noch nicht geheilt und es gibt weiterhin gute und schlechte „Stimmtage". Aber ich bin inzwischen sogar dankbar über die Möglichkeit der Logopädie und benutze lieber das Wort „Stimmtraining" als „Stimmtherapie". Heute kann ich es nämlich als ein großes Privileg sehen, mit professioneller Hilfe meine Stimme zu trainieren. Über die Jahre durfte ich lernen, weniger Druck auf meine Stimme auszuüben, und wie ich meine Stimme schonen kann. Ich habe viele Dinge gelernt, die mir im Alltag als Apothekerin oder beim Moderieren helfen. Je nach Tagesform kann ich heute sogar wieder ohne Schmerzen singen.

Neben dem „technischen" Know-how hat Gott in der Zeit aber auch meine „innere Stimme" geformt. Ich konnte bei ihm die Lüge abgeben, dass ich nur etwas wert bin, wenn ich gehört werde. Ich konnte mir von ihm bestätigen lassen, dass er mich sieht und einen Plan hat – auch für mich. In dieser Zeit lernte ich Gott zu vertrauen, selbst wenn ich seine Wege gerade nicht verstehen kann. Jesus hat mich frei gemacht von dem Opfergedanken und ich konnte den Ärzten vergeben, die mich damals operiert haben.

Vor allem aber durfte ich in den letzten Jahren erleben, dass ich Gott auf unterschiedliche Art und Weise anbeten und seine Wahrheit mit meinem Leben weitergeben kann – auch ohne Worte.

Die Hoffnung auf vollständige Heilung habe ich übrigens noch nicht aufgegeben.

Agnes Weichel, Apothekerin, Jahrgang 1987, München

Das Flüstern der Liebe

Sein Herz ist schwach, sein Körper gebrechlich, seine Augen haben die Richtung verloren und sein Geist ist mutlos. Eine sorgenerfüllte Welle ergreift mich von hinten, unerwartet und plötzlich. Sie treibt mich in die Sehnsucht nach einer Vergangenheit, die einst die Gegenwart war. Es tut weh, ich bin hilflos und wünsche mir nichts sehnlicher, als dass mein geliebter Opa wieder gesund wird, strahlt und die Freude am Leben zurückerlangt.

Leidend setze ich mich an das Pflegebett, wo einst ein Sofa stand, heitere Gespräche geführt, gefeiert und gelacht wurde. Nun ist das Wohnzimmer zu einem Ort der Kraftlosigkeit und Traurigkeit geworden. Mitleid klopft an, dringt in mich und nimmt mich bei der Hand. Seitdem die Gewissheit da ist, dass Opa nicht mehr gesund wird, sitzt dieser Stein auf meiner Brust, in meinem Herzen und erfüllt mich mit Kummer.

Mein Blick fällt aus dem großen Fenster, hinaus in den Hof, auf die groben Pflastersteine. Dort kehrte er einst sorgfältig und ließ kein Unkraut wachsen. Ich gehe auf den Balkon, blicke vom Geländer hinab in den Garten. Dort mähte, pflanzte und lebte er. *Lebte*. Meine Sorgen um ihn sind groß und das Bedürfnis, ihm neues Leben zu schenken, riesig. An Weihnachten schenkte ich meinem kranken Opa ein Buch über Psalm 23. In großer Schrift und mit berührenden Bildern. Er wollte es kaum aus der Hand geben, las und betrachtete die Malereien. Er hat schon immer an Gott geglaubt, das weiß ich. Doch der Psalm hat ihn berührt. Es ist in seine Seele gedrungen und hat ihn getröstet. Opas Stimme ist aufgrund seiner Krankheit nur noch ein Flüstern – nicht immer klar und deutlich, selten verständlich.

An einem Abend versucht er, etwas zu sagen. Bevor er spricht, fühle ich seine Gedanken, die sich um mein Herz schlingen und es wärmen. Ich weiß genau, was er sagen möchte: *Jesus ist mir nah. Jesus ist mir nah. Jesus ist mir nah.* Es sind meine Gedanken gewesen, seine unausgesprochenen Worte, die ich intensiv fühle, bis er sie wahrhaftig ausgesprochen hat: *Jesus ist mir nah.*

Mein Herz füllt sich mit freudigen Tränen, ein Gefühl der Hilfe nimmt mich in den Arm. Es ist ein Zeichen! Gott ist immer da, auch wenn man krank ist und nicht sprechen kann. Unsere Hilfe ist im Himmel. Jesus ist bei Opa, die ganze Zeit über. Niemals lässt er ihn allein. Gott kennt seine Gedanken, auch wenn sie nicht immer über seine Lippen gleiten. Er wird ihn nicht im Stich lassen, auch wenn er schweigt.

Dankbarkeit schlägt mir entgegen, wie ein Blitz am dunklen Himmel. Ich muss der Angst nicht die Tür öffnen, denn sie ist verschwunden. Gott hat nach ihr gegriffen und sie gegen Mut getauscht.

Ich gehe hinaus auf den Balkon, blicke in den Garten und denke nicht mehr an das Leben zurück, das mein Opa einst führte, sondern schaue geradeaus: in die Ewigkeit, die er zur passenden Zeit erreichen wird, die ihn empfangen und in das schönste, wahre, beginnende Leben entführen wird, das ihm bevorsteht.

Ich greife nach der Hand meines Opas, streichele sie und weiß, dass Gott ihn zu sich rufen kann und ich ihn wiedersehe. Zwar nicht in unserem Garten, sondern in der Ewigkeit. Denn nichts ist stärker als Gottes Liebe zu uns Menschen.

Tränen sind trotzdem nicht verboten, denn sie heilen und streicheln die Seele. Traurigkeit und Zweifel, Momente der Erinnerung an die gesunde Vergangenheit dürfen mich trotzdem erreichen. Denn Gott schenkt uns Emotionen. Tränen sind in Ordnung, man muss sie nicht verbieten oder zurückhalten. Denn wir alle lieben jedes Mitglied der Familie, das ein Teil von einem selbst ist. Es tut weh loszulassen. Allein der Gedanke daran treibt mir Tränen in die Augen, Röte in die Wangen und ruft Verzweiflung hervor.

Ich werde die Erinnerungen an die gesunde Zeit niemals aus meinem Gedächtnis ziehen lassen. Zugleich weiß ich, dass mich genau diese Erinnerungen, die in meiner Seele verankert sind, immer wieder mit den vergangenen Zeiten verbinden. Früher war mein Opa gesund. Was kann er jetzt fühlen? Erkennt er mich noch? Spürt er unsere Liebe?

Die Augen sind geöffnet, der Blick weist keine Richtung, die Hände sind noch warm, das Herz schlägt tapfer. Ich flüstere: „Du kennst deine Richtung, denn dein Weg führt zu Jesus. Du bist der beste Opa."

Ich bin froh zu wissen, dass Jesus meinem Opa nahe ist. Auch im finsteren Tal. Das habe ich gefühlt, bevor er es überraschend aussprach. Die Nähe, die Wärme, die Liebe … –

Gott selbst wird kommen und ihn eines Tages mit in die Unendlichkeit des Lebens führen.

Anika Daniel, pharmazeutisch-technische Assistentin, Jahrgang 2000, Dillenburg

Schau auf Gott

Vielleicht fragst du dich immer mal wieder, was Gott aus deinem zerbrochenen und kaputten Leben machen will und kann? Vielleicht denkst du: „Was bin ich wert, dass Gott einen guten Plan für mein Leben hat? Ich kann nichts, ich bin nichts und außerdem bin ich emotional viel zu instabil, um mich von Gott gebrauchen zu lassen und meine Berufung zu leben." Wenn du das glaubst, möchte ich dir meine Geschichte erzählen.

Ich habe jahrelang diesen Lügen in meinem Leben Glauben geschenkt. Dies ging so weit, dass ich in meinen Teenagerjahren eine schwere Magersucht entwickelt habe, weil ich mich so unsicher, ungeliebt und wertlos gefühlt habe. Ich wollte nicht mehr und wusste keinen Ausweg. Ich war mehrfach in Kliniken und wurde viel therapiert. So kämpfte ich mich durch die Jahre und Gott zeigte mir auf unterschiedlichen Wegen immer wieder seine Liebe, wodurch ich wieder relativ stabil wurde. Ich hatte viele Leute um mich herum, die mich immer wieder ermutigten, dass Gott einen guten Plan für mein Leben hat und ich eine besondere Berufung habe. Gleichzeitig hatte ich aber auch Menschen, die mir immer wieder gesagt haben, dass ich psychisch nicht stabil genug sei. Zu instabil, um meinen Job in einem Kinderheim ausführen zu können, zu instabil, um anderen Menschen Hoffnung und Liebe zu schenken, und zu instabil, um Gottes Willen in meinem Leben umzusetzen. Und diesen Lügen schenkte ich Glauben und wurde immer instabiler.

Heute, an dem Tag, an dem ich meine Geschichte aufschreibe, sitze ich in der Psychiatrie auf der geschlossenen Station. Ich bin 24 Jahre alt und am Tiefpunkt meines Lebens angelangt. Ich habe einige sehr harte Wochen hinter mir. Mich haben einige schmerzhafte, traumatische Dinge aus der Vergangenheit eingeholt, sodass ich mit Panikattacken, Flashbacks und ausgeprägten Angstzuständen zu kämpfen habe. Meine Freunde haben viel für mich getan, viel mit mir gekämpft, gebetet und mir geholfen. Aber irgendwann ging allen die Kraft aus. Ich landete in der geschlossenen Psychiatrie und vorerst brauchten alle Abstand von mir. Ich fühlte mich so unglaublich verlassen, einsam und abgeschoben. Ich war noch nie umgeben von so viel Leid, Dunkelheit, Schmerz und von so vielen Menschen, die psychisch so unfassbar krank sind, dass sie in einer anderen Realität leben. Ich konnte mit niemandem etwas anfangen oder reden. Es war unmöglich. Ich zog mich also viel auf mein Zimmer zurück, hörte Worship-Musik und las in der Bibel. Außerdem mache ich sehr gerne Handlettering. So saß ich auf meinem Zimmer, letterte, weinte und fühlte mich furchtbar. In dieser Einsamkeit kamen meine zerstörerischen Gedanken sehr stark zurück: „Niemand mag dich, du sitzt in der geschlossenen Psychiatrie, bist so instabil, schau dich mal an, was kannst du eigentlich? Gar nichts … In deinem emotional instabilen Zustand wirst du dich nie von

Gott gebrauchen lassen können ..." Diese Gedanken quälten mich. Tag und Nacht. Eines Abends, als die Einsamkeit sehr schlimm war, kam mir der Gedanke, dass ich mich doch einfach mit meinen Handlettering-Utensilien an dem Gemeinschaftsesstisch setzen und dort meine Bibelverse lettern könnte. Normalerweise vermied ich, so gut es ging, den Aufenthalt außerhalb meines Zimmers, weil die Mitpatienten einfach so krank sind, dass sie mir sehr viel Angst machen. Der Drang, mein Zimmer zu verlassen, war jedoch groß. Also setzte ich mich raus und letterte dort meine Bibelverse. Plötzlich kamen einige Mitpatienten an den Tisch, lasen die Bibelverse und es entstand ein unfassbar gutes Gespräch über den Glauben, über Zweifel, über die Ewigkeit, die Vergebung und Jesus!

Es war unglaublich. Die anderen Patienten waren so offen und ehrlich, fragten viel und wir tauschten uns aus. Eine Patientin, welche mir am meisten Furcht einjagte und welche sehr in ihrer Krankheit gefangen ist, erzählte plötzlich, dass sie aus einem christlichen Elternhaus komme und selbst immer in die Gemeinde ging und ihr der Glaube an Jesus immer Kraft gegeben habe. Leider habe sie das ein wenig verloren. Sie war plötzlich geistig völlig anwesend und wir konnten uns gut unterhalten. Plötzlich stimmte sie alte Lobpreislieder an wie „Your love is amazing". Und so sangen wir dann mitten im Gemeinschaftsraum Anbetungslieder, welche sie aus ihren Teenagerjahren kannte. Es war unglaublich, was für ein Frieden und Licht den Raum erfüllten. Als es dann Zeit war, wieder in die Zimmer zurückzukehren, schenkte ich meinen Mitpatienten die geletterten Bibelverse und alle hängen sie in ihren Zimmern an die Wände und freuten sich sehr darüber. Als ich abends ins Bett ging, war sich sehr überwältigt und unglaublich dankbar. Gott hat mir an diesem Abend eines vollkommen klargemacht: Ich bin nicht emotional zu instabil, um mich von ihm gebrauchen zu lassen. Dieser Lüge will ich nicht mehr glauben. Selbst am Tiefpunkt meines Lebens kann ich sein Licht weitergeben und von ihm erzählen! Gott ist nicht darauf angewiesen, ob es uns gerade gut oder schlecht geht. Nein – wenn wir unseren Fokus auf ihn richten, zu ihm schauen und uns von ihm allein abhängig machen, dann geht er seinen Weg mit uns und gebraucht uns. Gott hat einen Plan – auch für dein Leben! Und du musst nicht darauf warten, bis du dich bereit, gesund, stabil genug oder glücklich fühlst! Gib dieser Lüge keine Chance und keine Macht mehr! Richte deinen Fokus auf den Herrn, schau auf ihn und du wirst viele Wunder erleben und sehen! Da bin ich mir sicher!

„Richte deinen Fokus auf den Herrn und du wirst leuchten vor den Leuten."

Annika Schaal, Jugend-und Heimerzieherin, Jahrgang 1997, Loßburg

Tanzend in die Ewigkeit

Als ich zwei Jahre alt war, merkte meine Mutter, dass mit meiner körperlichen Entwicklung etwas nicht stimmte. Gleichaltrige Kinder waren immer weiter als ich. Sie selbst hatte eine Muskelerkrankung und suchte mit mir einen Arzt auf. Bei einer Untersuchung kam heraus, dass ich ihre fortschreitende Muskelerkrankung geerbt hatte …

Das heißt im Klartext: Ich werde bei allen Verrichtungen des täglichen Lebens immer auf fremde Hilfe angewiesen sein und mit einem elektrischen Rollstuhl, der gerade mal 6 km/h „schnell" fährt, durchs Leben „gehen".

Durch eine Lehrerin kam ich mit 16 Jahren zum Glauben.

Ich machte eine Ausbildung bei der Stadtverwaltung Düren mit anschließender Übernahme in ein unbefristetes Arbeitsverhältnis. Mit 25 Jahren habe ich geheiratet. In dieser Lebensphase begleitete mich der Bibelvers: „Sei mutig und stark!" (Josua 11,9).

Nach fünf Jahren Ehe beschäftigte uns der Wunsch nach einem Kind. Viele Ärzte rieten uns von diesem Vorhaben ab. Nur der Arzt, der mich entbunden hatte, machte uns Mut und veranlasste ein Ausmessen meines Beckens, um festzustellen, ob dieses groß genug sei.

Mein Becken wurde ausgemessen, er gab grünes Licht und ich wurde schwanger!

Ich hatte nicht wirklich damit gerechnet und war deshalb umso überraschter und erschrockener, als es tatsächlich klappte. Viele Fragen plagten mich und ich hatte viele Bedenken. Wie versorge ich das Baby? Ist es gesund? Hat es genug Platz in meinem Bauch? Wie verkrafte ich die Schwangerschaft und die Geburt? Ich sagte zu Gott: „Wenn du meinst, wir sollten ein Baby haben, dann musst du dich ab jetzt um mich und unser Baby kümmern."

Unsere Tochter kam im Januar 2002 zwar sechs Wochen zu früh, aber gesund und munter zur Welt.

Ich bin so unendlich dankbar, dass ich mich auf dieses Abenteuer eingelassen habe und dieses Wunder erleben durfte. Diese Tatsache, dass bei Gott wirklich KEIN Ding unmöglich ist, begleitet mich von da an auf meiner Wegstrecke.

Gott hat nie versprochen, dass wir ein einfaches Leben haben werden, aber er hat versprochen, dass er immer an unserer Seite ist und uns beisteht, wenn wir mit ihm unterwegs sind.

Diese Erfahrung machte ich noch einmal sehr konkret, als mein Mann im Oktober 2014 plötzlich und unerwartet starb.

Auf einen Schlag war alles anders! Ich war mit meiner Tochter allein und musste allein Verantwortung tragen, unser komplettes Leben umorganisieren und gleichzeitig Geld verdienen. Ich fühlte mich zerrissen, nicht mehr vollständig, ohnmächtig und von meinem Mann alleingelassen. Der Bibelvers „Jesus Christus spricht: Meine Kraft ist in den

Schwachen mächtig" wirkte in dieser Zeit wundersam in meinem Leben.

Also stand ich auf, richtete meine Krone und fasste neuen Mut.

Mit der Hilfe vieler Freunde haben meine Tochter und ich unser Leben dann schließlich wieder in ruhigeres Fahrwasser bringen können. Da ich aber bei allen Dingen im Leben 24/7 auf Hilfe angewiesen bin, begann nun ein langer Weg, diese Hilfe bei den zuständigen Ämtern einzufordern. Hier habe ich sehr eindrücklich erlebt, dass Gott in vielen Dingen für mich gestritten hat. Über eine Onlinepetition mit 57.000 Unterschriften und anschließender Demo wurde die notwendige Hilfe nach drei langen Jahren Auseinandersetzung mit den Behörden erkämpft. Ich bin sehr dankbar, dass der Kostenträger schließlich eingelenkt hat und ich darstellen konnte, dass es sich in meinem Fall nicht um eine Luxusversorgung handelt. Bei mir geht es wirklich um lebensnotwendige Dinge, denn ich bin ohne fremde Hilfe nicht lebensfähig.

In diesen drei Jahren des Kampfes sollte ich ein weiteres Abenteuer mit Gott erleben. Nach dem Tod meines Mannes waren wir nur noch bedingt mobil. Ich entschloss mich also, mit 45 Jahren den Führerschein zu machen. Ich hatte vor einiger Zeit mitbekommen, dass Menschen mit einer schweren Behinderung durchaus in der Lage sein können, ein Auto zu fahren. Nach weiteren Anträgen, Gutachten und Fahrproben befand ich mich dann schließlich mit meinem Rollstuhl in einem Fahrschulauto und steuerte das Auto mit einem Joystick. Mein erster Gedanke war, dass ich das niemals schaffen würde … Ich musste das Auto mithilfe einer Sprachsteuerung und einem Joystick durch den Straßenverkehr manövrieren und gleichzeitig den Verkehr beobachten und Straßenschilder beachten.

Irgendwann wurde ich zur Prüfung angemeldet. Wieder war ich überzeugt, diese Hürde nicht nehmen zu können. Ich hatte große Angst davor, schnell zu fahren, denn ich war mein ganzes bisheriges Leben immer nur mit 6 km/h unterwegs und hatte demzufolge kein gutes Gefühl für Schnelligkeit.

Meine ehemalige Lehrerin sprach mir Mut zu und meinte, dass Gott uns „kein Würstchen vor die Nase hält und es uns dann kurz vor dem Ziel wegschnappt". Was Gott beginnt, bringt er auch zu Ende!

Am Prüfungstag holten wir den Fahrprüfer am TÜV ab und die Prüfungsstunde konnte beginnen. Als ich von dem Parkplatz runterfahren wollte, rollte mir das Auto auf die Straße. Die Fahrschullehrerin trat auf die Bremse und ein lauter Ton dröhnte durch das Auto. Es war unüberhörbar: Aus und vorbei! Doof gelaufen – durchgefallen!

Daraufhin meinte der Prüfer, ich solle bitte einmal drei Meter zurücksetzten, was ich natürlich auch tat. Dann sagte er: „So, jetzt kann die Prüfung beginnen." Gott sei gedankt für seine unaussprechliche Gnade! Ich war sehr erleichtert. Die Prüfung konnte beginnen. Nach der 30er-Zone, Wohngebiet mit rechts vor links und dem Stoppschild meinte der Prüfer dann, dass wir jetzt zurück über die Landstraße fahren, noch parken würden und dann fertig seien. Mein erster Gedanke war: „Jetzt muss es schneller werden, mindestens 70 km/h! Wenn es ganz doof läuft, sogar 100 km/h!" Mir brach der Schweiß aus …

Wir verließen den Ort und fuhren auf die Landstraße. Das Tempo-70-Schild kam und ich fuhr immer noch 50 km/h, dann 55 km/h. Auf einmal kam eine starke Windböe von rechts und das Auto schwankte nach links. Ich lenkte etwas nach rechts und wir setzten unsere Fahrt nach einem klitzekleinen Schlenker sicher fort.

Dem Prüfer entfuhr ein anerkennendes „Wow!". Daraufhin erwiderte die Fahrschullehrerin nur, dass bei einer Joysticklenkung äußerste Konzentration erforderlich sei und man mit allen Situationen rechnen und schnell reagieren müsse. Der Prüfer entgegnete, dass er mich gerade habe auffordern wollen, schneller zu fahren, aber dass meine Fahrweise unter diesen Witterungsbedingungen genau angemessen gewesen sei. Mir fielen tonnenweise Steine vom Herzen! Ich bin die ganze Strecke zurück zum TÜV mit 55 km/h gefahren!!! Gott hat mir diese eine Windböe auf die Landstraße geschickt, damit ich nicht schneller fahren musste. Dafür bin ich so unendlich dankbar. Ich habe in allen Lebenslagen einen so tollen Gott, für den es eine Kleinigkeit ist, ganz praktisch einzugreifen! Nach dem Parken gab der Prüfer dann bekannt, dass ich die

Fahrprüfung bestanden hatte. Meine Fahrschullehrerin und ich haben getanzt und geweint vor Freude. Heute, sechs Jahre später, fahre ich ganz entspannt mit 120 km/h über die Autobahn.

Rückblickend kann ich aus voller Überzeugung sagen: „Der Herr ist mein Hirte. Mir wird nichts mangeln." Bei Gott ist kein Ding unmöglich und ihm sei Dank für seine unaussprechliche Gnade. Ich gehe mit meinem Gott gemeinsam durchs Leben.

Ich habe einen wunderbaren Herrn und strebe hier auf Erden an, meinen Weg zur Ewigkeit strahlend und tanzend zurückzulegen, um dann in die offenen Arme Gottes springen zu können.

Birgit Kalwitz, Verwaltungsfachangestellte, Jahrgang 1970, Düren

Bis ins Ziel

*„Nein, liebe Freunde, ich bin noch nicht alles, was ich sein soll-
te, aber ich setze meine ganze Kraft für dieses Ziel ein. Indem
ich die Vergangenheit vergesse und auf das schaue, was vor mir
liegt, versuche ich, das Rennen bis zum Ende durchzuhalten
und den Preis zu gewinnen, für den Gott uns durch Christus
Jesus bestimmt hat" (Philipper 3, 13+14, Neues Leben).*

Es war ein bedeckter Mittwochvormittag. Gegen halb 12 klingelte mein Handy. Mein Bruder war am anderen Ende der
Leitung.

„Clari, Opa ist gerade gestorben."

Tränen schossen mir in die Augen und liefen mir über
die Wangen. Tiefer Schmerz durchflutete meinen Körper. Es
fühlte sich an, als wäre ein Teil von mir herausgerissen, tot.
Mein Opa!

Am Montag, zwei Tage vor dem Anruf meines Bruders,
hatte mein Opa zwei Schlaganfälle, die wohl zu einer Hirnblutung geführt hatten. Er war in einem Pflegeheim zur Kurzzeit-
pflege untergebracht und wurde dort liebevoll versorgt. Der
behandelnde Hausarzt und mein Onkel entschieden im Sinne
meines Opas, ihn nicht mehr ins Krankenhaus einliefern zu
lassen, sondern ihm durch die Absetzung der Medikamente
die Chance zu geben, friedlich einzuschlafen. Opa hätte nie

im Krankenhaus sterben wollen und wollte auch keine großen, lebensverlängernden Maßnahmen. Der Hausarzt erklärte uns auch, dass Opa durch die Hirnblutung zu einem Schwerstpflegefall werden würde, wenn Gott nicht ein Wunder tat.

So besuchten mein Bruder und ich meinen Opa am Montagabend. Es war traurig, den einst so lebensfrohen Mann so gebrochen zu sehen. Er atmete schwer und rang nach Luft, starrte die Decke an und sein Körper zuckte. Sein Leben ging zu Ende. Wir wissen nicht, was er in seinen zwei letzten Tagen noch gehört hat, doch wir hatten den Eindruck, auf Gebete, Lieder und Berührungen eine Reaktion seinerseits wahrzunehmen.

Sein starrer Blick an die Decke und wie er versuchte, uns immer wieder noch Dinge mitzuteilen, sind sehr bewegende und einprägsame Erinnerungen.

Ohne Gott direkt darum zu bitten, weil einfach die Kraft und die Gedanken dafür gar nicht da waren, hatte ich sofort ein wunderschönes, tröstendes Bild vor meinem geistigen Auge, welches mir so viel Hoffnung und Trost gespendet hat in den letzten zweieinhalb Tagen meines Opas.

Ich sah ein großes schwarz-weißes Banner aufgespannt. Es hing über einer geteerten Straße und in großen Lettern stand „ZIEL" darauf. Mein Opa schleppte sich müde, völlig erschöpft und um jeden Schritt kämpfend die graue Straße entlang und rang nach Luft. Er hatte so wenig Kraft, dass er nicht einmal mehr den Kopf heben konnte. Schweiß rann ihm über die Stirn. Jeder Atemzug wurde schwerer. Ich hatte den Eindruck, dass er kurz davor war zusammenzubrechen.

Mein Blick weitete sich und ich erkannte, dass mein Opa nicht allein war. Eine Menschenmenge stand am Rand des Weges und bildete ein Spalier. Sie hielten bunte Fahnen, andere hatten Getränke dabei und wieder andere große Tröten und Megafone. Die Menge jubelte und ermutigte Opa, nicht aufzugeben, sondern weiterzugehen.

Eine Stimme unter ihnen war besonders laut und ihre Worte ermutigten meinen Opa immer zum nächsten Schritt: „Komm, Papa, du schaffst das. Du bist fast da. Es ist nicht mehr weit. Du bist fast am Ziel!" Meine Mutter strahlte ihren Vater an und ermutigte ihn, sein letztes Rennen zu Ende zu bringen, nicht aufzugeben, sondern weiterzugehen in die ewige Herrlichkeit Gottes.

Auch meine Oma, seine Frau, seine Mutter, sein Bruder, sie alle waren in der Menge und ermutigten ihn mit ihren Worten, so kurz vorm Ziel nicht zu kapitulieren.

Zwei Tage später schlief Opa für immer ein. Er hat es geschafft. Nach einem erfüllten, umkämpften Leben voller Herausforderungen – geprägt von einem Weltkrieg, vom Wiederaufbau, von einer gesegneten Familie und der Versorgung seiner kranken, jüngsten Tochter – ist mein Opa nach 95 Jahren über die Ziellinie gelaufen. Er ist am Ziel. Er hat es geschafft.

Dieses Bild ermutigt mich in all der Schwere und Trauer so sehr. Es gibt mehr als das Leben hier auf Erden und wir dürfen unseren Blick gerade in diesen schweren Zeiten heben und auf den Einen richten, der alles in seinen Händen hält und der uns durchträgt.

Ein paar Tage später, als die erste Welle der Trauer vorbei war, da wunderte ich mich. In diesen inneren Bildern, die Gott mir immer mal wieder schenkt, spielt Jesus meist eine große Rolle und ich wunderte mich, weil ich ihn in diesem Eindruck nicht gesehen hatte. So fragte ich ihn direkt im Gebet: „Jesus, wo warst du denn, als mein Opa so gekämpft hat? Wo warst du bei seinem letzten Lauf?"

Seine Antwort – in Form eines erneuten Bildes – treibt mir immer noch die Tränen in die Augen: Ich sah, wie mein Opa kämpfte und stolperte. In diesem Moment beugte sich Jesus zu ihm hinunter und half ihm wieder auf. Liebevoll legte er seine Hand auf Opas Schulter und lächelte ihn an. Er nahm ihn an der zittrigen Hand und führte meinen Opa die letzten Meter übers Ziel.

Wir mögen kurz vorm Ziel straucheln und sogar fallen. Die Ermutigung aller um uns herum ist da, aber sie reicht trotzdem nicht. Den letzten Weg, den dürfen wir mit Jesus übers Ziel gehen und uns von ihm an seine Hand nehmen und über die Ziellinie führen lassen. Zur Not trägt er uns das letzte Stück.

Es sind schwere und herausfordernde Zeiten, dunkel und teilweise hoffnungslos. Jesus hat uns nie versprochen, dass das Leben hier auf Erden einfach sein wird, dass wir alles mit Leichtigkeit bestehen werden, doch was er uns versprochen hat und worauf wir uns verlassen können, ist seine Zusage: „Und ich versichere euch: Ich bin immer bei euch bis ans Ende der Zeit" (Matthäus 28,20, Neues Leben).

Er ist bei uns bis an unser persönliches Ende, bis an das Ende unserer Lieben und bis an das Ende der Welt. Auf diese

Zusage möchte ich mich immer mehr in meinen Alltagskämpfen und den großen und kleinen Herausforderungen stützen. Und diese himmlische Perspektive wünsche ich Ihnen in all Ihren Kämpfen, egal, wie groß sie sein mögen. Der Herr aller Heerscharen ist an Ihrer Seite und führt Sie direkt an seiner liebenden Hand über die Ziellinie.

Clarissa Maurer, Briefzustellerin, Jahrgang 1989, Großbottwar

Die Angst zurückzubleiben

Die Angst zurückzubleiben, nicht Schritt halten zu können, zieht sich wie ein roter Faden durch mein Leben. Lange Zeit konnte ich mir nicht erklären, warum mich manches so sehr belastete und unerklärlicher Groll und Missmut mich von Zeit zu Zeit überfielen und gefangen halten wollten.

Oft hatte ich den Eindruck – wenn überhaupt –, nur kurze Zeit mit meinem Umfeld Schritt halten zu können und dann immer weiter zurückzufallen. Ich gehörte irgendwie nicht so richtig dazu und deshalb absolvierte ich doch meist recht einsam meine Runden.

Kennen Sie das Gefühl, früher im Sportunterricht, wenn Mannschaften gebildet wurden und man selbst noch recht unglücklich auf der Bank saß und keiner wollte einen im Team haben …?

Natürlich waren da lockere Freundschaften und Menschen, die ein Stück des Weges mit mir unterwegs waren. Aber meinen Mitmenschen zu vertrauen, fiel mir auch von jeher sehr schwer, da die Erfahrungen in meinem doch recht schwierigen und konfliktreichen Elternhaus leider kein Grundvertrauen bei uns Kindern aufkommen ließen.

Rückblickend muss ich sagen, dass auch meine Geburt bezeichnend dafür ist: Ich bin ein Zwilling und wurde eine halbe Stunde nach meiner Schwester geboren. Aber mit Zwillingen hatte niemand gerechnet. Damals waren die heute üblichen Ultraschalluntersuchungen noch nicht an der Tagesordnung und die Freude meiner Eltern hielt sich in Grenzen über mich Überraschungsnachzügler. Da diese Schwangerschaft, nur elf Monate nach der Geburt unseres älteren Bruders, ebenso ungeplant war wie die vorherige, waren es nicht gerade die besten Voraussetzungen.

Häufig war ich krank und durch meine Hochsensibilität, die ich erst vor wenigen Jahren erkannte, stand ich auch in meiner Kindheit häufig am Spielfeldrand und sah zu. Lange hatte ich das Gefühl, falsch und „viel zu empfindlich" für meine Umwelt zu sein, unverstanden und ungeliebt. Nicht zu wissen, wo ich hingehöre und wie ich den richtigen Weg in dieser kalten Welt finden konnte – das belastete mich lange Jahre.

Durch die Familie meines lieben Mannes lernte ich mit Anfang 20 einen ganz anderen Glauben kennen, der mir auch in vielerlei Weise vorgelebt wurde. Ein Glaube, der auch mein Herz erreichte, und damit den wahren Sinn und den richtigen Weg für mein Leben. Ich erlebte liebevolle Annahme und die Vergebung eines barmherzigen Gottes.

Doch auch fast 30 Jahre später macht mich Gott noch aufmerksam auf die „Altlasten" meiner früheren falschen Denkmuster und deren diverse Folgen, die auch heute noch ihre Nachwirkungen haben. Denn durch meine gesundheitlichen Einschränkungen und meine Frühberentung mit 41 Jahren ist vieles nicht mehr möglich und manches nur unter hohem Kraftaufwand und logistischer Planung noch durchführbar.

Und wieder kommt dieses Gefühl in mir hoch, nicht mithalten zu können und zurückzubleiben, was ja auch – rein körperlich gesehen – stimmt. Viele liebe Menschen, die mich ein Stück des Weges begleitet haben, wollten oft nach kurzer Zeit eben doch lieber schneller und unbeschwerter ihren Weg fortsetzen, da es ihnen ja möglich war. Ab und zu mal ein kurzer Blick zurück zu mir und ein abwesendes Winken – mehr war dann oft nicht mehr drin …

So ging ich weiter, manchmal unsicher und holprig, immer langsamen Schrittes. Von Zeit zu Zeit verweilte ich auch ein wenig, um wieder Luft und neue Energie zu tanken und meinen Blick neu auszurichten, aber ich blieb auf dem Weg – dem Weg, den ich trotz allem nie allein beschritt. Denn auch wenn ich es oft nicht fühlte, so habe ich doch im Nachhinein erkannt und immer wieder erleben dürfen, wie ein liebender Gott mich korrigiert und geführt hat. Er hat Wege und Möglichkeiten für mich geschaffen und mich auch manches Mal ein Stück des Weges getragen. Ging ich unsicheren Schrittes und manchmal unter Tränen und verschleiertem Blick, konnte ich mich kaum aufrecht halten oder nur mühsam ohne Hilfe laufen, dann wurde ich gehalten und aufgerichtet, ermutigt und gestärkt. Wieder und wieder … – bis heute!

Ja, manchmal fühlte es sich doch recht einsam an und abgesehen von meinem Mann und wenigen lieben Menschen war ich in der Tat oft allein unterwegs. Und manchmal klagte ich Gott auch mein Leid und war unsicher und ängstlich, ob ich wohl – wie früher gedacht – am Ende doch zurückbleiben und das Ziel nicht erreichen würde …

Doch die Worte, die in meinem Herzen große Resonanz auslösten, waren folgende:

„Viele aber, die jetzt die Ersten sind, werden dann die Letzten sein, und die Letzten werden die Ersten sein" (Matthäus 19,29-30).

Diese Worte waren wie Balsam für meine ängstliche Seele und schenkten mir einen tiefen Frieden. Auch ein Bild, das ich immer wieder vor meinem geistigen Auge hatte, ließ mich befreit aufatmen: Jesus kam mir entgegen und half mir bis ans Ziel und, wenn nötig, trug er mich die letzte Etappe, denn er hatte mich stets liebevoll im Blick. Er lässt seine Kinder nicht zurück.

So formte sich in mir mehr und mehr die Gewissheit: Auf dieser irdischen Welt werde ich vielleicht, wenn überhaupt, als eine der Letzten ans Ziel kommen, aber bei Gott gelten ganz andere Maßstäbe und so kann ich mit seiner Hilfe und voller Vertrauen auf seine Liebe und Führung auch den Weg bis ans himmlische Ziel meistern. Wie wunderbar und befreiend ist diese Vorstellung!

In meinem Tempo – mag es auch noch so langsam und holprig sein – bin ich gut und werde ankommen, wie es in Gottes Augen sicher und richtig ist!

Dorothee Kowalke, Frührentnerin, Jahrgang 1967, Wenden

Fürchte dich nicht

Japan 1985, Ankunft mit dem schnellen Shinkansen-Zug in Hiroshima zum 40. Jahrestag des Atombombenabwurfs. Ich konnte in Begleitung des Jesuitenpaters und Zen-Lehrers H. E. Lasalle, welcher den Horror selbst erlebt hatte, von Tokio aus nach Hiroshima fahren. Lasalle wurde dort mit großen Ehren von Stadtabgeordneten empfangen als Erbauer der Friedenskirche. Ich stand solange etwas verloren am Bahnhof und fragte mich: Was erwartet mich in dieser Stadt, der so schlimmes Leid widerfahren ist?

Ich schlug meine kleine Bibel auf und fand diesen Vers in der Apostelgeschichte: „Fürchte dich nicht, denn ich habe viel Volks in dieser Stadt." Getröstet und ermutigt ließ ich mich dann einfach treiben und landete in einem Demonstrationszug, bei welchem mir von den Zuschauenden am Straßenrand viele gefaltete Kranichketten aus Papier um den Hals gelegt wurden. Ich verstand, dass es darum ging, dass der Wahnsinn von Hiroshima sich nicht wiederholen soll.

Neben mir lief ein noch junger Amerikaner und wir kamen ins Gespräch. Er war Journalist und nach Hiroshima gekommen, um über den Jahrestag zu schreiben, was er später auch tat. Der Demonstrationszug landete in der Friedenskirche, wo auch Pater Lasalle eine bewegende Ansprache hielt. Die Sonne fiel schräg in den Altarraum und das große

Wandbild des Engels mit der Bombe strahlte in tiefgoldenem Glanz auf.

Im Laufe des Tages besuchten wir dann zusammen das A-Bomb-Museum. Im aufliegenden Gästebuch erscheinen immer wieder die Worte „Never again". Es war zutiefst erschütternd zu sehen, dass die amerikanische Besatzung nach Kriegsende zwar die Opfer der Atombombenangriffs mit den grausigen Auswüchsen und Schäden registriert hatte, dass diese Menschen jedoch kaum behandelt wurden. Wir sprachen nicht.

Trostvoll war dann die feierliche Gedenkzeremonie in einer großen, offenen Arena. Obwohl sie voller Erinnerung und Trauer war, war sie ebenso auch voller Hoffnung für die Zukunft. Nachdem 1.500 Friedenstauben freigelassen wurden und im tiefblauen Abendhimmel kreuzten, erklang die 9. Sinfonie von Beethoven mit dem Schlusssatz „Freude schöner Götterfunken", gesungen von einem japanischen Chor. Kein Geringerer als Leonard Bernstein dirigierte das „Weltjugendorchester".

Anschließend liefen wir in den großen Peace Memorial Park mit dem Atomhügel, der Tausende Opfer birgt. Rebecca, eine junge Jüdin, hatte sich zu uns gesellt; sie hatte mir am Abend vorher in der Jugendherberge geholfen, ein Bett zu erhalten. Ich war barsch abgewiesen worden, als ich an der Reihe war, obwohl ich mich angemeldet hatte. Hilflos stand ich da. In diesem Moment sagte eine liebevolle Stimme: „Please, give her my bed, she reminds me of my mother." Dem konnte der raue Typ nicht widerstehen. Mir liefen die Tränen herunter.

Spät am Abend befanden Rebecca, der amerikanische Journalist und ich uns an dem breiten Fluss, der sich unweit der Stadt in das Meer ergießt. Tausende Menschen waren um uns im Park versammelt und hockten oder standen mit uns am Flussufer. Dann setzten alle kleine Lämpchen aus Papier auf das Wasser mit brennenden Kerzen darin. Wie in Schwärmen trieben die Lichterschiffchen dem offenen Meer zu. Seelenlichter! „Fürchte dich nicht, denn ich habe viel Volks in dieser Stadt."

Evemarie Haupt, Stimmtherapeutin, Jahrgang 1931, München

Sternentochter

Ich beneide Menschen, die sich oft lebhaft an ihre Träume erinnern. Ich selbst wache meist auf, ohne mich an irgendeinen Traum zu erinnern. In den seltenen Fällen, wo dies doch vorkommt, scheinen meine Träume eine tiefe Bedeutung für mein Leben, eine Vorbereitung auf besondere Ereignisse, ja so etwas wie ein Fingerzeig Gottes zu sein.

Es ist nun schon 15 Jahre her. Mein Mann und ich waren glücklich mit unserem kleinen Sohn und wünschten uns ein weiteres Kind. Da hatte ich diesen Traum:

Ich war schwanger und die Geburt ging los, aber es war noch zu früh. Unser Kind kam zwar gesund zur Welt, aber ich war noch nicht darauf vorbereitet. Das Schrecklichste war für mich, noch keinen Namen für unser Kind zu haben. Ich bin mit diesem unangenehmen Gefühl aufgewacht und hatte das Bedürfnis, unbedingt schon jetzt einen Namen für unser zukünftiges Kind festzulegen.

Aber genauso, wie sich manchmal Träume verflüchtigen, verblasste dieses Gefühl, das der Traum bei mir hinterlassen hatte. Der Alltag überdeckte diesen Fingerzeig Gottes, wie ich es im Nachhinein nur bezeichnen kann. Bis ich dann einige Zeit später noch einmal aufwachte mit dem Entsetzen, ein Kind bekommen zu haben, für das ich noch keinen Namen hatte. Der Traum war zu mir zurückgekommen. Wieder kam das Kind gesund, aber für mich zu früh zur Welt. Ich kann nicht sagen, warum mich der Gedanke so entsetzt hat, keinen Namen für mein Kind zu haben, aber ich wollte jetzt unbedingt schon einen Namen für unser Wunschkind festlegen. Mein Mann ließ mir dabei freie Hand und so suchte ich nach schönen Vornamen. Uns war schon bei unserem ersten Kind nicht nur der Klang des Namens, sondern auch die Bedeutung sehr wichtig. Eine Art Wunsch, den wir unserem Kind mit auf den Lebensweg geben wollten. Ich entschied mich für Justus (der Gerechte) sollte es einen Jungen geben und für Josepha (jasaf, hebräisch = hinzufügen, vermehren, Gott fügt hinzu), wenn wir ein Mädchen bekommen sollten. Mein Mann war damit einverstanden und ich bin dankbar, dass er meine Träume und die damit verbundenen Gefühle so ernst genommen hat.

Dann wurde ich tatsächlich schwanger. Ich spürte es. Der Schwangerschaftstest sagte allerdings etwas anderes. Ich vereinbarte trotzdem einen Termin bei meiner Gynäkologin. Kurz vor dem Termin setzten ganz leichte Blutungen ein und ich dachte schon: „Der Schwangerschaftstest hatte also doch recht!" Ich war sogar schon versucht, den Termin bei meiner Ärztin wieder abzusagen, ging dann aber doch hin. Das Erste, was sie feststellte, war, dass ich schwanger bin. Das Zweite, dass etwas nicht in Ordnung ist. Ich sollte viel liegen, mich schonen und ich bekam ein Medikament verschrieben. Viel Hoffnung konnte sie mir aber nicht machen. Ich schonte mich also, so gut das eben geht, wenn ein Dreijähriger auch versorgt werden will.

Es war Ostern 2007. Ich spürte es genau, als es vorbei war, als unser Kind nicht mehr lebte. Der Termin bei meiner Ärztin nach Ostern bestätigte nur, was ich schon wusste. Aber es hatte etwas Tröstliches, dass es an Ostern passiert war, dem Fest der Auferstehung und des Lebens.

Welchen der beiden Namen sollten wir aber unserem Kind geben? Es war ja noch zu früh, um zu sagen, ob es ein Junge oder ein Mädchen war. Justus, der Gerechte, würde genauso wenig passen wie Josepha, Gott hat hinzugefügt. Gott hat ja nicht hinzugefügt, sondern genommen – so dachte ich. Aber mein Mann erkannte: Gott hat hinzugefügt, im Verborgenen. Und so haben wir unserm Sternenkind den Namen Josepha gegeben. Auf dem Friedhof durften wir ein Bäumchen für Josepha pflanzen, was mir viel bedeutet hat. Und vor allem für mich war es sehr wichtig, dass unser Kind kein namenloses Wesen geblieben ist.

Ich bin Gott dankbar, dass er mich durch die Träume auf all das vorbereitet hat. Davon bin ich fest überzeugt.

Josepha hat keinen Tag mit uns gemeinsam in dieser Welt gelebt, aber ich glaube fest: Es wird einmal ein Erkennen geben.

Evi Vogt, Sachbearbeiterin Buchhaltung, Jahrgang 1971, Neukirchen/Erzgebirge

Hast du heute schon Danke gesagt?

Es ist ein Tag wie viele andere: Früh aufgestanden. In Ruhe gefrühstückt. Schnell ein paar Verse in der Bibel gelesen. Hatte ich gebetet? Ich weiß es schon nicht mehr. Vielleicht kurz? Vielleicht auch gar nicht. Dann zur Arbeit – Sprachtherapie. Ein Patient nach dem anderen, meist im 45-Minuten-Takt. Ohne Pause.

Fast jeder Patient hat etwas auf dem Herzen, was er bei mir „abladen" möchte, wo ich zuhören und Verständnis aufbringen soll. Pflichtbewusst höre ich jedem zu, aber es schlaucht mich. Kaum Mittagspause, weil die Chefin Patiententermine in die Pause gelegt hat.

Gegen Ende der Arbeit bin ich völlig fertig. 17 Uhr: Endlich der letzte Patient und dann kann ich nach Hause. Leider ist der letzte Patient immer noch mal sehr anstrengend:

ein fünfjähriger kleiner Junge, der nicht nur einige Sprachstörungen, sondern auch noch eine Aufmerksamkeitsstörung mit Hyperaktivität hat. Er kommt nicht einen einzigen Moment ohne Aufmerksamkeit aus. Es ist eine manchmal zermürbende Arbeit, die mich mit dem Gefühl zurücklässt, gegen Windmühlenflügel anzukämpfen.

Müde und ohne große Erfolgserwartung gehe ich die Stunde routiniert professionell an, aber irgendwie bin ich nicht mehr ganz bei der Sache. Meine Nerven liegen blank und mir ist zum Heulen. Mir gegenüber sitzt dieser kleine zappelige Junge, der keine Ahnung von meinem Gemütszustand hat – und ja auch nichts dafür kann –, und ich würde ihn am liebsten da sitzen lassen und weglaufen oder anschreien. Jedenfalls irgendetwas tun, um meinen Frust abzubauen – völlig unprofessionell.

Plötzlich fängt der kleine Patient wie aus dem Nichts an, mit klarer Stimme zu singen: „Hast du heute schon DANKE gesagt? Mmhmmhm …" Da er nur noch den Anfang des Liedes weiß, summt er den Rest als Melodie zu Ende.

Zuerst reagiere ich gar nicht und denke nur: „Oh nein! Jetzt hat er wieder einen Ohrwurm und kann sich nicht mehr auf die Therapie konzentrieren!" Doch dann höre ich auf einmal, WAS er da eigentlich singt und summt, und es ist mir wie ein Stich ins Herz! „Hast du heute schon DANKE gesagt?" Nein, hatte ich nicht. Vielleicht hatte ich gebetet. Da war ich ja nicht mal sicher … Aber wenn, dann war es ganz sicher kein Dank, sondern eher Bitten oder Flehen, dass sich meine Situation doch ändern möge, aber DANK? Der war nicht in meinem Herzen, wofür auch? Oh, da sind sie wieder, diese schlechten Gedanken, die Gott Vorwürfe machen, ihn anklagen: „Warum gibt er mir nur Schlechtes und nichts Gutes? So soll es doch nicht sein! Wo ist der Dank? Was gibt es denn, wofür ICH dankbar sein könnte? Wie geht das Lied noch gleich weiter?"

„Hast du heute schon DANKE gesagt? Mhmhmh …" Der kleine Junge singt immer noch nur die erste Zeile des Liedes, aber ich bin mit meiner Aufmerksamkeit wieder voll bei ihm:

„Weißt du eigentlich, was du da singst und wie es weitergeht? Und woher kennst du dieses Lied eigentlich?", frage ich ihn. „Na, aus'm Kindergarten", antwortet er, „aber ich hab leider vergessen, wie es weitergeht, leider. Ich komm einfach nicht mehr drauf …" Dann singt er erneut: „Hast du heute schon DANKE gesagt …" und ich stimme ein: „… für so viel schöne Sachen? Hast du heute schon DANKE gesagt? Gott will dir Freude machen! Für's Brot auf dem Tisch, für's Mehl in dem Krug und Kleider haben wir genug! Ja, hast du heute schon DANKE gesagt? Gott will dir Freude machen!" Das waren doch immerhin schon mal der Refrain und die erste Strophe. „Hm, mehr fällt mir leider jetzt gerade von dem Lied auch nicht ein, aber du kannst ja jetzt ein bisschen mehr und es war sehr schön, dass du es gesungen hast!", füge ich noch an und er strahlt über beide Ohren.

Nachdem die Stunde zu Ende ist, denke ich noch eine ganze Weile über dieses Ereignis nach: Da hat Gott mich doch mitten im Alltag erwischt! Durch ein Kind, das nichts von meiner Situation wusste. Aber Gott ist größer als alle Probleme! Er weiß ALLES und er kann JEDEN benutzen, um zu uns zu reden! Ich vergesse immer wieder zu danken und sehe eher das Schlechte als das Gute, aber oft erinnert Gott mich nun an dieses Lied und zeigt mir, dass das Leben nicht nur schwarz ist, sondern dass es immer Grund zum Danken gibt!

Gabriele Balder, akademische Sprachtherapeutin, Jahrgang 1984, Remscheid

Es begab sich aber zu der Zeit ...

... als unser Altenheim im Dorf noch in öffentlicher Hand war. Mein Bruder arbeitete dort und pflegte unsere älteren Mitbürger. Eines Jahres rief er mich kurz vor Weihnachten aufgeregt an und fragte, ob wir ihm helfen könnten, eine Weihnachtsfeier für das Altenheim mitzugestalten. Aus mir heute nicht mehr nachzuvollziehenden Gründen drohte die hauseigene Weihnachtsfeier nicht stattzufinden.

In wenigen Tagen übten unsere Ehefrauen mit Unterstützung einer Nichte ein paar Weihnachtslieder mit den aus den Schubladen hervorgekramten Blockflöten ein. Verstärkt durch ein Ortsratsmitglied, übten wir auch ein paar klassische Weihnachtslieder. Kaffee und Kuchen organisierte das Küchenpersonal am – eigentlich freien – Heiligabend. Der Weihnachtsmann kam mit einem großen Sack voller Geschenke, es roch nach Kaffee, Kakao und Lebkuchen. Im Kerzenschein des Weihnachtsbaums leuchteten die Augen der Bewohner. Meine Aufgabe war der Vortrag der klassischen Weihnachtsgeschichte nach dem Lukasevangelium. Ich lese gern vor und liebe es, wenn meine Kinder um mich herumsitzen und den Geschichten lauschen. Außerdem habe ich eine kräftige Stimme ... daher war die Wahl ja auch auf mich gefallen.

An diesem Tag freute ich mich auf das große zahlreiche Publikum. Da ältere Menschen dazu neigen, etwas von ihrem Hörvermögen eingebüßt zu haben, stellte ich mich in die Mitte des Aufenthaltsraumes, damit mich alle gut verstehen könnten.

Nun erlebte ich jedoch etwas, worauf ich nicht vorbereitet war. Neben mir saß eine kleine alte Frau in ihrem Rollstuhl. Mein Bruder hatte mich kurz vorher darauf hingewiesen, dass diese Dame unter sehr starker Demenz leide und sich eigentlich an nichts erinnern könne. Ich begann mit meinem Vortrag und als ich im ersten Satz an der Stelle: „... dass ein Gebot von dem Kaiser Augustus ausging ..." angekommen war, setzte die Dame neben mir in den laufenden Text ein und sprach die gesamte Weihnachtsgeschichte fehlerfrei aus dem Kopf heraus mit. Sie sprach leise, wie eine Souffleuse, aber für mich klar und deutlich zu verstehen. Da ich von der demenziellen Erkrankung der Frau wusste, wurde mir warm ums Herz. Meine sonst so klare und kräftige Stimme wurde brüchig und meine Augen füllten sich mit einer undefinierbaren Flüssigkeit, die man wohl Freudentränen nennt. Ich konnte kaum noch meinen Text lesen und meine Stimme fing an zu schwanken. „... und der Engel sprach zu ihnen: Fürchtet euch nicht! Siehe, ich verkündige euch große Freude ..." Hatte *ich* das nun gesagt oder war es die alte Frau neben mir? Die Weihnachtsgeschichte erfüllte mich zum ersten Mal mit einem Gefühl von Freude und Wärme. Ich räusperte mich und sprach weiter ... Meine Stimme war wieder kräftig, voller

Gefühl, Ehrfurcht und Freude … „Ehre sei Gott in der Höhe und Friede auf Erden und den Menschen ein Wohlgefallen."

Nach meinen letzten Worten – pardon, *unseren* letzten Worten – klatschte die alte Frau neben mir und ihre Mitbewohner fielen in den Applaus ein. Ich konnte nicht anders, als mich nach unten zu beugen, der alten Frau unbeholfen die Hände zu drücken und mich bei ihr zu bedanken.

Ein paar Stunden später saßen wir im Kreis unserer Familie vor dem reich gedeckten Tisch mit leckeren Speisen und feinstem Wein. Ich war immer noch wie benommen und spürte die Freude und den doch noch so hellen Geist der alten Frau. In den folgenden Jahren habe ich das Lukasevangelium noch oft gehört und auch selbst gelesen. Laut und leise. Und jedes Mal erfüllt sich mein Herz wieder mit diesem ganz besonderen Gefühl. Ich freue mich auf den kommenden Heiligabend. Vielleicht hört mir wieder jemand beim Lesen der Weihnachtsgeschichte zu. Und wenn nicht, dann lese ich sie ganz für mich allein.

Hartmut Siewert, Kundenberater, Jahrgang 1961, Springe am Deister

Der unsichtbare Besucher

Die meisten Geschichten beginnen am Anfang. Diese Geschichte beginnt am Ende. Am Ende eines jungen Lebens voller Tiefschläge und Brüche, mit viel Schatten und wenig Licht.

Ich kannte Cassy seit vielen Jahren und nahm mal mehr, mal weniger intensiv an ihrem Leben teil. Seit einiger Zeit galt sie als obdachlos, reiste ruhelos von einer Bekanntschaft zur nächsten – auf der Flucht vor sich selbst und vor Gott. Ihre leiblichen Eltern hatten sie früh in die Obhut von Pflegeeltern gegeben; zu diesen war der Kontakt abgerissen. Bei der Krankenkasse türmte sich ein Schuldenberg auf, der ihr Angst machte, also vermied sie trotz starker Schmerzen die dringend notwendigen Arztbesuche. Manchmal hörte ich ein halbes Jahr lang nichts von ihr, dann meldete sie sich wieder – meistens, wenn sie am absoluten Tiefpunkt war. So auch im April. Von allen Orten, die sie hätte aufsuchen können, war sie im Heimatort meiner Kollegin Evi gelandet und bat uns um Hilfe. Meine Kollegin, mein Mann und ich verbrachten einige schlaflose Nächte, denn wir wussten um ihre schwere psychische Erkrankung, die den Umgang mit ihr sehr herausfordernd machte. Aber mein Mann wurde den Eindruck nicht los, dass Gott einen Auftrag für uns hatte: einen heimatlosen Menschen nach Hause zu begleiten.

Evi entschied, ihr Gästezimmer für Cassy herzurichten, und fuhr nach Süddeutschland, um sie zu uns in die Altmark zu holen. Nach einigen klärenden Gesprächen mit der Krankenkasse und einem Untersuchungsmarathon saßen wir schließlich an einem sonnigen Donnerstag im Mai in einer Arztpraxis. Der Arzt sprach aus, was wir schon ahnten und Cassy fürchtete: der Lymphdrüsenkrebs, den sie als Kind schon einmal erfolgreich bekämpft hatte, war zurück.

Man konnte dem Arzt ansehen, wie er mit sich rang. „Was soll ich denn sagen, Katja?", fragte er die Mitarbeiterin des Palliativdienstes fast ein wenig hilflos.

Ja, was soll man einem 24-jährigen Menschen sagen, wenn man nichts Positives mehr sagen kann?

„Muss ich sterben?", fragte Cassy mich tränenüberströmt, als wir auf dem Parkplatz vor der Arztpraxis im Auto saßen.

„Ich weiß es nicht", antwortete ich. „Das weiß nur Jesus."

„Ich will noch nicht sterben", weinte sie. „Ich bin doch hergekommen, um ein neues Leben anzufangen." Sie hielt das Holzkreuz umklammert, das Katja ihr kurz zuvor geschenkt hatte. Ich startete den Motor. Die CD im Laufwerk spielte gerade „Für den König". Cassy drehte die Musik laut. „Können wir das Lied von vorn hören?"

Lange Zeit hatte Gott für Cassy keine Rolle mehr gespielt, aber Cassy für Gott schon.

Ich schaltete zurück zum Liedanfang. Cassy drehte die Musik noch lauter und ließ die Fenster herunter. Da fuhren wir also durch den Nachmittagsverkehr, den Tod in unseren Gedanken, aber Hoffnung im Herzen.

Die kommenden Tage und Wochen waren gekennzeichnet von vielen Tränen über ein verpasstes Leben, von Verzweiflung und Wut darüber, dass die Ärzte nicht mehr helfen konnten. Vielleicht, wenn die Blutwerte halbwegs gut seien und sie sich einer Knochenmarksentnahme unterziehen würde, könnte man noch eine Therapie wagen. Die Chancen dafür, dass sie anschlagen würde, lägen im unteren einstelligen Bereich. Ärzte möchten Leben retten. Doch für eine medizinische Rettung war es zu spät.

Wir gestalteten gemeinsame Wochen voller „letzter Male". Ein letzter Grillabend, ein letzter Besuch auf dem Reiterhof, ein letzter Spaziergang im Rollstuhl, ein letzter Big Mac bei McDonald's.

„Ich bin hergekommen, um ein neues Leben anzufangen", sagte Cassy zu mir. „Und jetzt muss ich schon wieder gehen." Ihr Schmerz war greifbar. Das Loslassen fiel ihr unendlich schwer. Und da kam der unsichtbare Besucher.

Es war ein Mittwoch Anfang Juni und Cassy saß am Küchentisch, als Evi vormittags aus dem Haus ging. Als sie mittags wiederkam, saß Cassy in unveränderter Position noch immer am Küchentisch. Irritiert schaute sie auf. „Da hat doch gerade noch jemand gesessen", erklärte Cassy und deutete auf den leeren Stuhl. „Wo ist er hin?" Doch in der Wohnung war keine Spur von einem Besucher. „Meinst du, ich bin verrückt?", fragte Cassy meinen Mann bei seinem nächsten Besuch. „Ich sehe Leute, die andere nicht sehen. Aber da war wirklich jemand! Wir haben uns unterhalten." „Manchmal schickt Gott einen

Engel zu Menschen, die das besonders brauchen", antwortete er. „Hast du denn gefragt, wer es ist? Hat die Person sich vorgestellt?" „Nein." Cassy schüttelte den Kopf. „Dann kannst du das doch beim nächsten Mal machen. Frag doch mal nach dem Namen." Dann beugte er sich vor und nahm ihre Hand. „Und wenn du Jesus erkennst, dann geh mit ihm mit."

Einige Tage später hörte er, wie Cassy in ihrem Zimmer eine Unterhaltung führte. Es war kein Telefonat und ansonsten befand sich außer ihnen beiden niemand in der Wohnung. Wer auch immer sie besucht hatte, es blieb vorerst Cassys Geheimnis.

Die lichten Momente nahmen ab, genauso wie ihre Kraft. Die körperlichen Einschränkungen hingegen wurden immer mehr. Wir nahmen die Tage, wie sie kamen, und hofften zugleich, dass ihr ein langer Leidensweg erspart bleiben würde. Wir trauerten gemeinsam über unerfüllte Ziele und offen gebliebene Träume. Und wir versuchten, jeden gemeinsamen Tag zu feiern, auch wenn es nicht mehr viel zu feiern gab.

Zwei Wochen nach dem Hausarztbesuch saß ich an ihrem Bett. Der Gedanke ans Sterben machte sie unendlich traurig, zugleich ein wenig hoffnungsvoll.

„Vor ein paar Tagen hab ich geträumt, dass ich gestorben bin", erzählte sie. „Ich hab mit Jesus auf die Erde runtergeschaut und zu ihm gesagt: Ich möchte gern noch mal zurück. Er hat gesagt: Ja, okay. Und dann war ich wieder hier."

Ich bekam eine Ahnung davon, wer Cassys unsichtbarer Besucher war, der nun immer öfter an ihrem Bett saß und darum warb, dass sie ihn nach Hause begleitete. Der Vorhang des Himmels war ein Stück zur Seite gezogen worden. Sie seufzte. „Dann warten wir jetzt nur noch darauf, dass ich sterbe?" „Nein", erwiderte ich, „wir warten darauf, dass Jesus dich abholt."

Dann kam der Tag, an dem Cassy nicht mehr in der Lage war aufzustehen. Das Sprechen fiel ihr zunehmend schwer und sie wurde sehr still. Doch eines Nachts war sie plötzlich unruhig.

„Evi, Evi!", sagte sie aufgeregt zu meiner Kollegin. „Du musst die Tür aufmachen! Gleich kommt jemand, mich abholen." „Abholen? Wohin denn?", fragte Evi argwöhnisch.

„Na, nach Hause!" „Zu deinen Eltern?" Sie ahnte, welches Zuhause Cassy meinte, doch Evi war nicht bereit, sie gehen zu lassen. Noch nicht. „Nein, nein!", widersprach Cassy. „Nach Hause!"

Meine Kollegin fand nicht den Mut, die Tür zu öffnen – weder die Wohnungs- noch die Herzenstür. Denn obwohl sie die täglichen Herausforderungen mit Cassy voller Zuversicht angegangen war, machte ihr eine Sache Angst: zum Zeitpunkt des Todes mit Cassy allein zu sein. Also wartete der unsichtbare Besucher einen weiteren Tag ab.

In der darauffolgenden Nacht, mein Mann saß in Evis Küche, kam er wieder. Doch dieses Mal war Cassy nicht bereit. Sie wälzte sich die halbe Nacht unruhig hin und her. „Nein, nein", sagte sie immer wieder, mein Mann hörte sie durch die geöffnete Tür. „Noch nicht." Doch gegen Morgen seufzte sie: „Ja. Ja – noch einen Tag!"

Der Vorhang des Himmels war ein Stück weiter zur Seite gezogen worden.

Diesen einen, letzten Tag lag sie still im Bett und sagte nichts mehr. Gegen Nachmittag saß ich bei ihr und summte ein Lobpreislied, als mich ein heftiger Hustenreiz überkam und ich kurz den Raum verließ. Als ich zurückkam, war sie gegangen.

Ich glaube, dass Jesus in diesem kurzen Moment den Vorhang des Himmels beiseitegezogen hat. Weil er wusste, dass es ihr so unendlich schwerfiel, die Menschen und den Ort, den sie liebte, zu verlassen, nutzte er den Augenblick, in dem sie sich von niemandem verabschieden musste, und holte sie in den Himmel. Cassy ist zu uns gekommen, um ein neues Leben anzufangen. Aber nicht hier, sondern zu Hause.

Stefanie Kloft, Pädagogin und Autorin, Jahrgang 1988, Stendal

Freiheit gelernt in Afrika

Wir laufen mitten durch einen der größten Slums in Nairobi, Kenia. Wir könnten auch auf dem Mars sein oder mit Jules Verne am Mittelpunkt der Erde – es würde uns nicht fremder und unwirklicher scheinen als das, was wir hier sehen und erleben.

Schon die ersten Stunden in Kenia sind für uns bisher nicht sonderlich weit gereiste Europäer ziemlich atemberaubend. Überall stehen wir als Weiße sofort im Mittelpunkt des Interesses. Wir verstehen die Sprache nicht, die Kultur ist fremd, es riecht anders, schmeckt anders. Wasser darf der Gesundheit wegen nur aus fest verschlossenen Flaschen getrunken werden, vor meinem Hotelzimmer turnt ein Affe durch die Bäume … Unglaublich spannend und ebenso herausfordernd.

Mit Eintritt in den Slum sind diese Andersartigkeiten aber kaum noch der Rede wert, bestenfalls Peanuts. Wir betreten eine andere Welt. Hütte reiht sich an Hütte, oft windschief, meist aus Wellblech. Klein, ein Raum ohne Fenster. Mit vielen Bewohnern. Menschen, die nie wissen, ob sie genug Geld für wenigstens eine Mahlzeit am Tag zusammenbekommen. Die ohne fließendes Wasser, Strom, Toiletten etc. in grässlichen Bedingungen in diesem Slum leben. Nicht nur einmal denke ich: Wenn ich so leben müsste, ich hätte gar nicht die Kraft, morgens wieder aufzustehen und mich dem Kampf ums Überleben an diesem menschenunwürdigen Ort neu zu stellen.

Aber dort sind ganz viele Menschen, die genau das schaffen. Die Hoffnung haben, lachen können und ihr bisschen Leben in die Hand nehmen und einfach das Beste daraus machen. Menschen, die eine Würde und Lebensfreude ausstrahlen, wie ich es selten erlebe. Ich habe die große Ehre, einige dieser unglaublich beeindruckenden Menschen ein klein wenig kennenlernen zu dürfen. Bewohner des Slums und Mitarbeitende aus der Kirche, die sich vor allem um die Kinder, die hier leben müssen, bemühen.

Heikos Dusch-Erkenntnisse

Nach einem Tag im Slum bin ich dreckig, staubig und habe den furchtbaren Gestank, der dort herrscht, in der Nase. Ich will nur noch eins: duschen.

Während ich in meinem Hotelzimmer unter der Dusche stehe, durchfährt mich auf einmal eine Erkenntnis in kaum zu überbietender Deutlichkeit:

„Mein Bad in diesem Hotelzimmer ist größer als die Hütte, in der die Menschen, die ich heute kennenlernen durfte, mit ihrer ganzen Familie leben. Und es ist besser ausgestattet. Ich habe alles hier. Strom, fließendes Wasser, eine Toilette … Das alles gibt es im Slum nicht.

Und ich Vollpfosten wage es, unzufrieden zu sein oder mich in meiner Freiheit beschnitten zu fühlen, nur weil ich mit dieser oder jener Kleinigkeit in meinem Leben nicht hundertprozentig zufrieden bin? Ich habe überhaupt nicht das

Recht dazu! Dafür geht es mir viel zu gut. Ich habe doch alle Möglichkeiten – ich muss nur aus dem Quark kommen und sie auch nutzen. Wenn ich mir die Menschen aus dem Slum noch einmal vor Augen führe, muss ich sogar sagen: Es ist meine *Pflicht*, meine Möglichkeiten zu nutzen und sie nicht verstreichen zu lassen. Meine große Freiheit will gelebt werden – und genau das will ich ab jetzt tun! So etwa lautete mein „Dusch-Manifest" im Januar 2020 in Nairobi, Kenia.

Darum bemühe ich mich seitdem – und lerne es ganz neu zu schätzen, wie viele Möglichkeiten wir in Europa haben und wie viel Freiheit es für uns gibt.

Freiheit geht eigentlich ganz einfach

Abendessen im Hotel. Wir treffen Jennifer Gitiri, aufgewachsen in dem Slum, den wir heute besucht haben. Als Kind wird sie gebeutelt von extremer Armut und entmutigt von fehlender Perspektive. Aber dann passiert etwas in Jennifers Leben, das einen Unterschied macht und ihre Welt verändert. Die Kirche vor Ort unterstützt sie im Rahmen einer Kooperation mit dem Hilfswerk „Compassion" und hilft ihr und ihrer Familie. Jennifer kann die Schule besuchen und wird gefördert. Die Mitarbeitenden entdecken ihr Potenzial und ermöglichen es ihr zu studieren.

Heute ist Jennifer eine der Topanwältinnen Kenias und arbeitet für die Regierung. Sie steht für Gerechtigkeit im Land ein und hilft denen, die sich nicht selbst helfen können. Sie ist gebildet, witzig und herzlich. Wir haben eine tolle Zeit beim Abendessen.

Später liege ich im Bett und denke über den Tag nach. Dabei durchzuckt mich ein Gedanke, der eigentlich auf der Hand liegt: Wäre Jennifer nicht gefördert und unterstützt worden, sie würde heute noch im Slum leben. Hätte die Kirche nicht in sie investiert, müsste sie nach wie vor täglich um ihr Überleben kämpfen. Mannomann, was würden wir verpassen – was würde der Welt entgehen! In dieser Frau steckt so viel Potenzial, Menschen zu ermutigen, Kenia zu helfen und die Welt zu inspirieren ... Ohne die Freiheit, zu studieren, sich weiterzuentwickeln, und das Gefühl, wertgeschätzt zu werden, würde all das unter dem Kampf um wenigstens eine Mahlzeit am Tag verschüttet liegen. Was für eine Schande!

Es gibt Millionen von Kindern, die aufwachsen wie Jennifer. Ohne Perspektive. Wie viele geniale Staatsleute, Erfinderinnen, Weltgestalter, Künstlerinnen usw. mögen wohl in ihnen stecken, deren Potenzial nur darauf wartet, freigesetzt zu werden? Wie viele Chancen, aus unserer Welt eine bessere für uns alle zu machen? Wie viele wunderbare Menschen, die Gott sich genau passend liebevoll ausgedacht hat?

Und alles, was dafür nötig ist, ist, dass wir uns ineinander investieren. Dass diejenigen mit vielen Möglichkeiten und großer Freiheit sich für die einsetzen, die das nicht haben. Ich glaube fast, so richtig frei bin ich erst, wenn ich freiwillig abgebe von meinen Ressourcen an Zeit, Geld, Gebet etc. und das in andere uneigennützig investiere. Und ich habe den Verdacht, dass das auch Gott ziemlich gut gefällt. Das gefällt ihm sogar sehr gut.

Freiheit feiern und verschenken – eigentlich ganz einfach, oder?

Heiko Metz, Leiter Redaktion „Stiftung Marburger Medien",
Jahrgang 1978, Marburg

Auf dem Wasser gehen

Ich kann mich noch genau an diesen einen Tag erinnern – der 1. Juli 2004. Meine Mama war in der Küche und bereitete das Essen vor. Nach einem langen inneren Kampf ging ich zu ihr und bat sie, mit mir zu beten. Ich war so aufgeregt, denn ich wollte unbedingt ein „Jesuskind" werden. Und so kam es, dass ich an diesem Donnerstag gemeinsam mit meiner Mama Jesus in mein Leben einlud und den größten Schatz meines Lebens erhielt. Meine Mama stellte mir damals die Frage: „Warum hier und jetzt?" An meine Antwort auf diese Frage kann ich mich nicht mehr erinnern, aber ich weiß heute noch genau, was damals meine Beweggründe waren.

Mein Herz war zerbrochen und irgendetwas in mir drin hatte diese Sehnsucht nach einem verlässlichen Freund, der immer da ist. Sollte jemand mein verletztes Herz heilen können, dann Gott. In mir drin war die tiefe Überzeugung, dass ich dort die Liebe, den Halt und die Sicherheit bekomme, die ich in dieser Zeit so sehr brauchte. Und jetzt würde ich so gerne schreiben, dass nach dieser Entscheidung alles gut wurde und ich damals geheilt und völlig unbeschwert aufwachsen konnte. Aber so war es leider nicht. Im Gegenteil. Mit jedem Lebensjahr machten sich die Auswirkungen einer tiefen Kindheitsverletzung mehr bemerkbar. Ich war so zerbrochen, dass ich Schwierigkeiten hatte, Menschen in meine Nähe zu lassen. Tief in mir fiel die Entscheidung, dass ich mich nie wieder so verletzen lasse, und dadurch wurde die Mauer um mich herum immer höher und höher. Ich habe mir Stück für Stück eine Fassade aufgebaut und starb innerlich immer mehr ab. Meine Lebendigkeit und Freiheit gingen verloren und in diesem vermeintlich guten Schutzraum durchlebte ich meine Kindheit und Jugendzeit.

Wenn man diese Zeilen so liest, könnte man sich jetzt fragen: „Und wo war – beziehungsweise ist – nun dieser Gott? Sollte mich Gott nicht mit aller Kraft bewahren, weil ich ihm vertraue? Hätte diese Kindheit nicht anders verlaufen sollen, wenn es einen liebenden Gott gibt?"

In 1. Petrus, Kapitel 1, steht: „Darüber freut ihr euch von ganzem Herzen, auch wenn Gott euch jetzt noch für eine kurze Zeit durch manche Prüfungen führt und ihr viel erleiden müsst. So wird sich euer Glaube bewähren und sich wertvoller und beständiger erweisen als pures Gold, das im Feuer vollkommen gereinigt wurde. Lob, Preis und Ehre werdet ihr dann an dem Tag empfangen, an dem Christus wiederkommt."

In den letzten Jahren wurde mir immer bewusster, dass ein Leben mit Gott nicht ein Leben ohne Leid bedeutet. Sosehr ich mir auch wünschte, dass das alles nicht passiert wäre, kann ich aus voller Überzeugung sagen, dass Gott da war. An jedem einzelnen Tag und in jeder einzelnen Situation. Warum er es zugelassen hat? Ich weiß es nicht. Aber er war und ist dieser verlässliche Freund, der immer bei mir ist. Und ich habe damals den allerbesten Wegbegleiter erhalten, den es gibt. Einen Wegbegleiter, der mit mir weint und jede meiner Tränen sieht. Einen Wegbegleiter, der mir Menschen zur Seite stellt, die mein Leben bereichern, an mich glauben und mich wachsen lassen. Der meine Wut, meinen Frust und mein Weglaufen aushält und erträgt. Einen Wegbegleiter, der mich trägt und für mich kämpft, wenn ich wieder das Gefühl habe, an meinem Leben zu zerbrechen. Der um mich kämpft und mir jeden Tag mit einer unendlichen Liebe neu begegnet. Einen Wegbegleiter, der meinen tiefsten Schmerz, meine Ängste und Sehnsüchte kennt und genau weiß, was das Beste für mich ist. In dessen Augen ich wertvoll, einzigartig und frei von jeglicher Schuld und Scham bin. Einen Wegbegleiter, der mich neu erblühen lassen möchte und einen Plan mit meinem Leben hat. Der mit offenen Armen dasteht und nur darauf wartet, dass ich zu ihm renne, mich von ihm verarzten lasse und ihm vertraue. Einen Wegbegleiter, der Großes mit meinem Leben vorhat, wenn ich ihm das Steuer überlasse.

Doch wenn ich ganz ehrlich bin, dann fällt es mir oft schwer, ihm zu vertrauen und ihn Regie führen zu lassen. Es gibt immer wieder Momente, in denen mich Zweifel überfallen. Nachdem ich mein Studium abgeschlossen hatte, wollte ich ins Berufsleben starten. Ich habe mich sehr darauf gefreut und war gespannt, was mir in diesem neuen Lebensabschnitt begegnen wird. Und wieder kam alles anders als geplant. Ich fiel in eine schwere depressive Episode und musste mich in ärztliche Behandlung begeben. Wie ich mit Gott in dieser Zeit haderte und kämpfte, ist in Worten kaum beschreibbar. Für mich ist eine Welt zusammengebrochen, da ich einfach mal nur ein „normales", unbeschwertes Leben haben wollte. Ich kann bis heute nicht sagen, wie mein Weg weitergehen wird. Aber ich kann aus tiefster Überzeugung sagen, dass Gott auch in den letzten Monaten jeden Tag bei mir war. Er war auch in der tiefsten Finsternis da. Ist der Weg dadurch einfacher geworden? Nein, auf keinen Fall und der Schmerz und das Leid sind auch nicht verschwunden. Aber ich bin nie tiefer als in seine Hände gefallen und das erfüllt mich mit tiefem Frieden. Es fasziniert mich, mit welch liebevoller Geduld Gott mir begegnet und Stück für Stück meine Verletzungen heilt. Wie er mich in diesem oft schmerzhaften Prozess sanft in seinen Händen hält, mich nicht überfordert und dennoch fragt: „Darf ich dich wiederherstellen? Wagst du mit mir den Schritt ins Ungewisse und willst du mit mir auf dem Wasser gehen?"

Ich bin gespannt, was mich in den nächsten Tagen, Wochen, Monaten, Jahren erwartet und was Gottes Plan für mein Leben ist. In Jeremia 29,11 steht: *„Denn ich allein weiß, was ich mit euch vorhabe: Ich, der Herr, habe Frieden für euch im Sinn und will euch aus dem Leid befreien. Ich gebe euch wieder Zukunft und Hoffnung. Mein Wort gilt!"*

Josina Armbruster, Sonderpädagogin, Jahrgang 1993, Heidelberg

Am Ende der Welt

Ich war nun schon lange nicht mehr da – am Ende der Welt; genau genommen ist es bald fünf Jahre her, seit ich zum letzten Mal dort war, in Ga-Marishane. Von Polokwane (Limpopo-Provinz, Südafrika) fährt man erst mal eine gute Stunde nach Süden auf einer geteerten Landstraße bis in den Ort selbst; dort biegt man ab auf eine staubige Piste, die durch die Savanne führt. Zwei Esel stehen etwas verloren am Straßenrand, auf irgendwas herumkauend. Fußgänger sind heute keine unterwegs. Fast übersehen wir das Schild, das ankündigt, wo es zum „Manche Masemola Grave Site" geht. Wie gut, dass es das gibt, denn von selbst wäre ich niemals darauf gekommen, hier zwischen Akaziensträuchern und Buschgras auf dem holprigen Weg nach links abzubiegen – zumal ich ja keinen Geländewagen fahre, was sich bei dem Untergrund allerdings durchaus empfehlen würde. Dann müssen wir das Auto stehen lassen und aussteigen. Die letzten 200 Meter zum Grab der ersten südafrikanischen Märtyrerin werden wir zu Fuß zurücklegen.

Es ist ein kalter Wintertag Mitte Juni. Gelegentlich bläst eine frische Windböe über die Steppenlandschaft. Es ist trocken, unendlich trocken. Man sagt, dass die Wasserspeicherseen schon wieder bedenklich niedrige Pegelstände aufweisen – und es sind noch so viele Monate bis zum Anfang der

Regenzeit! Majestätisch erheben sich einige felsige Brocken aus dem sandigen Untergrund und als wir um die Ecke biegen, sehen wir es schon: das kleine Areal, auf dem in wenigen Wochen der alljährliche Festgottesdienst an Manches Grab stattfinden wird. Dort drüben wird das offene Zelt stehen, dort die nicht überdachten Stuhlreihen und hier stellen wir, wie jedes Jahr, den Generator und die Verstärkeranlage hin. Neben dem Altar, der jetzt etwas verloren in der Gegend herumzustehen scheint, ist auf einer einfachen Steinplatte die Inschrift zu erkennen, die davon kündet, dass es hier war, wo Manche von ihren eigenen Eltern erschlagen wurde.

Zusammen mit den beiden Mitarbeitern von der anglikanischen Diözese, Mpho und Olivia, gehe ich noch rüber an die Stelle, von der die Prozession losgehen wird. Wir haben überprüft, ob alles in Ordnung ist auf dem kleinen, nicht umzäunten Gelände, und uns Notizen für die weiteren Vorbereitungen gemacht, die in den letzten Wochen vor der „pilgrimage", dem größten jährlichen Ereignis unserer Diözese, noch getroffen werden müssen. Die anderen beiden wollen jetzt zum Auto zurück. Ich sage, dass ich gleich nachkommen werde.

Ich begebe mich noch einmal zum Altar, klettere dann auf einen der dahinterliegenden Felsen etwa vier oder fünf Meter in die Höhe. Ich hatte diesen Ort bei der „Manche pilgrimage" vor zwei Jahren entdeckt, als ich nach einer Stelle gesucht hatte, von der man die Menschenmengen gut überblicken und ein paar Fotos machen könnte, ohne den Gottesdienst zu stören. Der Wind hat sich gelegt und es ist absolut still. Also nicht nur windstill, sondern einfach still. Kein Ton dringt an mein Ohr. Das ist ganz seltsam, denn wenn auch Polokwane keine Großstadt ist, habe ich so etwas schon lange nicht mehr gehört: nichts. Kein Hund, der in der Ferne bellt, kein Garagentor, das leise surrend zugeht, kein Kindergeschrei. Nichts. Einfach gar nichts.

Mit einem Ruck reiße ich mich wieder los. Wie lange hatte ich so verharrt? Waren es zwei Minuten gewesen oder fünf? Oder vielleicht nur siebenundzwanzig Sekunden? In der absoluten Stille habe ich fast das Zeitgefühl verloren. „Hier also, Herr, ist sie gestorben, mit 14 oder 15 Jahren. Und das nur, weil sie sich nicht davon abbringen lassen wollte, den Taufunterricht im Nachbardorf zu besuchen …"

Heute ist alles anders. Es ist fast unmöglich, überhaupt noch einen Parkplatz zu ergattern am Ende des Feldweges, wo außer der weiten Savanne neulich weit und breit nichts zu sehen war, jetzt aber ein Reisebus sich an den anderen reiht. Zwischen den Bussen, Taxis, SUVs und Kleinwagen wuselt es. Ein paar Kinder jagen sich, am Wegesrand stehen jetzt provisorische Stände, wo man zur Verpflegung *Vetkuk* (Schmalzgebackenes) kaufen kann. Einige Familien haben sich schon mal ein Plätzchen gesichert, wo dann nach dem Gottesdienst gegrillt werden soll. Unter einer weit geöffneten Kofferraumhaube sehe ich im Vorbeigehen eine Ministrantin, die versucht, sich in ihr Gewand zu zwängen, ohne ihre freche, aber kunstvolle Frisur zu ruinieren. Sie ist wohl kaum älter, als Manche es war. Ich entdecke auch Diakone/innen und Priester/innen, die sich ihre liturgischen Gewänder überwerfen – irgendwo zwischen einem Felsbrocken und einer Akazie. Eine Sakristei gibt es hier nicht. Ich tue es ihnen gleich, vorsichtig, denn das Gewand kann man waschen, die rote Stola nicht.

Wie viele Leute heute wohl hier sind? 700, 800 oder 1.000? Sie sind aus der ganzen Provinz zusammengekommen, hier am Ende der Welt. Manche mussten dazu schon kurz nach Morgengrauen aufbrechen und stundenlang fahren. Heute ist es hier sicher nicht still! Jetzt hört man auch schon vereinzelt rhythmische Gesänge hier und da. Auch ein oder zwei Djembetrommeln erklingen. Eine Weihrauchschwade wird zu uns herübergeweht.

Langsam formiert sich der Zug für die Prozession. Der Bischof vorneweg, dann der Klerus und das Volk. Ein Vorsänger mit Flüstertüte unterstützt unsere Bemühungen, denn es ist nicht so ganz leicht, in dem Zug, der sich immer weiter auseinanderzieht, bei den Chorussen den gleichen Takt zu halten. Aber zum Glück ist es ja nicht weit.

Die Predigt wird auf Englisch gehalten, die Abendmahlsliturgie wird in einem Gemisch aus mehreren Sprachen vorgetragen, die Lieder sind meist auf Sepedi. Gut, dass wir früh angefangen haben, denn jetzt, nach drei Stunden Gottesdienst, wo die Sonne sich dem Zenit nähert, wird es allmählich immer heißer an diesem ersten Sonntag im August. Der Winter ist noch nicht vorbei, manche kamen heute früh in Wolldecken gewickelt hier an – aber mittlerweile sieht man auch so manch einen im T-Shirt. Weh dem, der Hut oder Wasserflasche vergessen hat!

Noch einmal schweift mein Blick hinüber zu der Grab-platte, die von meinem Platz gut erkennbar ist. Mitten in der Wildnis erinnert sie daran, dass es vor einem Jahrhundert noch nicht ungefährlich war, Christ zu werden, hier im Sek-hukuneland. Es hat das Mädchen Manche das Leben gekostet. Sie wusste nicht, dass man einmal, auf einem anderen Konti-nent, ein Denkmal für sie errichten würde – aber das hätte sie vielleicht auch gar nicht interessiert; oder dass Jahr für Jahr so viele an den Ort pilgern würden, wo sie sterben musste. So sinniere ich noch etwas, wippe mit dem Fuß und wiege mich ganz leicht im Takt zu einem der inbrünstig gesungenen Glaubenslieder. Nein, das hatte sie wirklich nicht ahnen kön-nen, vor fast einhundert Jahren.

Erst einige Stunden später, als wir alle schon längst wieder auf dem Heimweg sind, kehrt sie hier wieder ein, diese un-heimliche, schwere, wunderbare, leichte Stille. Kein mensch-liches Wesen ist Zeuge des Sonnenuntergangs, als ein paar Vögel immer noch die Reste von vielzähligen Picknicks nach Essbarem durchforsten. Der Wind hat eine Plastiktüte in ei-nen Dornbusch geweht. Und da unten an der Straße stehen zwei Esel, die an einem Stein etwas Grünes entdeckt haben. Ein paar Grashalme, die noch nicht vertrocknet sind, hier am Ende der Welt. Hier, wo Manche Masemola starb.

Rev. Dr. Lutz Ackermann, anglikanischer Priester, Jahrgang 1963, Augsburg

Das Fotoalbum

Zuoberst in der hintersten Ecke stand es, gut versteckt auf dem Regal im Luftschutzkeller meines Elternhauses, als ich es fand in jenem Sommer. Mein Bruder und ich waren dabei, nach dem Tod meiner Mutter den Keller zu räumen. So vieles hatte sich hier angesammelt in den letzten 60 Jahren. Ein großer Berg von Arbeit lag hier vor uns und vieles wanderte gleich in den Abfall, ins Altpapier, ins Altglas, in die Brockenstube …

Doch dieses versteckte Fotoalbum wollte ich kurz durchblättern. Ich setzte mich auf den Boden inmitten der Materialberge und begann, darin zu blättern. Da waren fast keine Fotos. Stattdessen fand ich ganz viele, fein säuberlich eingeklebte und nach Datum sortierte Briefe aus den 50er-Jahren. Wunderschöne Liebesbriefe eines einzigen Schreibers namens Antoine (Name geändert) an meine Mutter.

Ich begann zu lesen und war sofort fasziniert! Dieser Mann musste ja sehr verliebt gewesen sein in meine Mutter! Ich steckte das Album in meine Tasche, um zu Hause weiterzulesen und mehr über die Jugend meiner Mutter zu erfahren, die mir oft gesagt hatte: „Du weißt nicht, was ich alles erlebt habe und warum ich die Frau bin, die ich heute bin!" Geredet hat sie aber nie darüber, nur Andeutungen gemacht, dass lange nicht alles so gelaufen sei, wie sie es sich gewünscht hatte. Als ich all die schönen Briefe las, wurde mir klar: Dieser Mann war ihre große Liebe gewesen, der sie ein Leben lang nachgetrauert hatte.

Wenige Monate nach dem letzten Brief von Antoine heiratete meine Mutter einen anderen Mann. Diese Ehe endete nach einem halben Jahr in einem Fiasko. Wenig später kam ich zur Welt und mein Vater wollte lange Zeit nichts mit mir zu tun haben. Ich durfte die ersten Jahre bei meinen Großeltern aufwachsen, weil meine Mutter wieder einer Arbeit nachgehen musste. Ich habe die Zeit bei meinen Großeltern in sehr glücklicher Erinnerung und liebte sie über alles. Nach der zweiten Heirat meiner Mutter nahm sie mich zurück zu sich und ich verbrachte sehr schwierige Jahre bei ihr, dem neuen Stiefvater und den jüngeren Halbbrüdern.

Meinen leiblichen Vater sah ich erst als Teenager zum ersten Mal und hatte danach eine lockere Beziehung zu ihm. Tochtergefühle kamen ihm gegenüber aber nie auf. Er war nett zu mir, blieb jedoch distanziert. Vor einigen Jahren – mein Vater war bereits fast 90 – rief er mich zu sich mit der Ankündigung, er hätte etwas mit mir zu besprechen. Gespannt darauf, was er mir wohl eröffnen würde, besuchte ich ihn. Was er mir mitteilte, zog mir fast den Boden unter den Füßen weg: Er habe mich zwar rechtlich als Tochter anerkannt, er sei aber nicht mein leiblicher Vater! Ich war perplex und fragte, ob er denn eine Ahnung habe, wer sonst mein Vater sein könnte. Er meinte, vermutlich sei es ein ehemaliger Studienkollege von ihm, der seit einigen Jahren im Ausland lebe.

Ich verabschiedete mich recht aufgewühlt! Hatte meine Mutter mich über 50 Jahre lang belogen? Nach reiflicher Überlegung bat ich meinen Vater um einen Vaterschaftstest. Er willigte sofort ein. Wir mussten drei Wochen auf das Resultat warten. Der Test ergab eine Übereinstimmung des Erbgutes zu über 90 Prozent. Nun fiel ER aus allen Wolken und konnte sich das überhaupt nicht erklären. Ich werde nie erfahren, ob meine Mutter auch Zweifel daran hatte, ob er mein Vater war oder nicht. Mein Vater starb kurz danach. Ich bin froh, dass wir noch kurz vor seinem Tod Klarheit über unsere Beziehung schaffen konnten. Es änderte sich jedoch nichts an der Tatsache, dass ich keine besonderen Gefühle für ihn empfand.

Zurück zum Album: All dies, was ich oben beschrieben habe, kam mir natürlich beim Lesen der Briefe wieder in den Sinn. Mein Vater hatte meine Mutter also kurz nach der Trennung von Antoine geheiratet. Er hatte aber wohl rasch realisieren müssen, dass ihr Herz bei seinem Studienkollegen hängen geblieben war.

Das Album stand einige Monate in meinem Büchergestell und ich fragte mich, ob Antoine tatsächlich der Studienkollege meines Vaters gewesen war und ob er noch am Leben sei. Was wäre, wenn ich ihn finden und ihm das Album zum Lesen bringen könnte? Würde er sich freuen darüber? Was für ein Mensch er wohl war? Wie wohl sein weiteres Leben verlaufen war? Könnte er am Ende doch mein Vater sein und das Vaterschaftstestresultat falsch?

Google sei Dank: Ich stieß auf die Webseite eines Künstlers, dessen Biografie genau auf „meinen" Antoine passte.

Das musste er sein! Ich schrieb gleich eine kurze Mail via Kontaktformular und bekam auch am selben Nachmittag einen Anruf. Der Anrufer war aufgeregt und sagte, ja, er sei der Schreiber jener Briefe und würde sich sehr freuen, mich kennenzulernen. So reiste ich ein paar Tage später voller Erwartung mit dem Album im Gepäck zu ihm und klingelte an seiner Tür. Was jetzt passierte, berührt mich noch heute, wenn ich diese Zeilen schreibe, vom Scheitel bis zur Sohle. Da stand ein Mann vor mir, den ich beim ersten Blick sofort in mein Herz schloss und dessen Nähe mir das tiefe Gefühl von „Angekommensein" vermittelte. Eine solch geballte Ladung von plötzlicher, unerklärlicher Vertrautheit zu erfahren, war ein unbeschreibliches Erlebnis. Wir redeten sehr lange miteinander und er erzählte mir vieles aus seiner Erinnerung – auch dass meine Mutter für immer seine große Liebe geblieben sei. Ich ließ das Album bei ihm und wie er mir bei meinem folgenden Besuch drei Wochen später gestand, hatte er alle Briefe gelesen und viele Tränen geweint. Weil wir beide so überrascht waren über die spontane, tiefe Zuneigung, kam der Gedanke auf, ob er wohl doch ... Wir entschlossen uns, nochmals einen Vaterschaftstest zu machen. Vielleicht war das erste Resultat ja fehlerhaft? Der Test brachte dann Klarheit: Er war negativ. Es war eine Erleichterung für Antoine, bestätigt zu bekommen, mit meiner Mutter keinen Ehebruch begangen zu haben. Er meinte, das würde er sich schlecht verzeihen können. Unserer gegenseitigen tiefen Verbundenheit, dem „Vater-Tochter-Gefühl", tat dieser negative Testbericht jedoch keinen Abbruch.

Seit unserer ersten Begegnung besuche ich meinen über 90-jährigen Freund sehr oft und wir verbringen so viel schöne Zeit zusammen! Wir telefonieren jeden Abend kurz miteinander und während des Corona-Lockdowns genehmigten wir uns regelmäßig auf Facetime einen kleinen Apéro und plauderten dazu. Eine innige Herzensliebe verbindet uns beide.

Kann man über den Tod hinaus eine Liebe nachholen, die einem im Leben nicht vergönnt war? Ja, ich glaube, dass etwas heilen kann auch über den Tod hinaus. Es ist wohl kein Zufall, dass ausgerechnet ich dieses Album und auch den Schreiber der Briefe gefunden habe. Ich empfinde für Antoine eine tiefe Seelenverwandtschaft. Mir ist, als verspüre ich für ihn jene tiefe Liebe, der meine Mutter ein Leben lang nachgetrauert hat.

Mir wird so vieles klar: Sie war oft so unzufrieden, unbeherrscht und traurig. Sie war enttäuscht über sich selbst, dass sie die Weichen damals falsch gestellt und sich in eine unglückliche Ehe gestürzt hatte. Sie war leider zeitlebens unglücklich, ja am Ende verbittert. Für mich selbst ist die jetzige Zeit mit Antoine eine Versöhnung mit meiner Mutter und ihrem Schicksal, das ich als Tochter so ungefragt und schmerzhaft mit ihr teilen musste. Die Vergangenheit kann ich nicht mehr ändern, aber die Gegenwart darf ich voll auskosten! Ich bin so dankbar, dass ich Antoine gefunden habe, um seine letzte Zeit mit ihm zu genießen, mit ihm über Gott und die Welt zu plaudern. Und ich glaube, meine verstorbene Mutter würde sich auch freuen, wenn sie uns zusammen sähe.

Anonym

Gedankenlesen

Es ist eine hohe Kunst, die Gedanken anderer Menschen zu lesen. Nun, ich beherrsche diese Fähigkeit in Perfektion. Klingt unglaublich, ist aber so! Begegne ich jemandem, weiß ich GENAU, was der- oder diejenige in dem Augenblick über mich denkt. Da sortiere ich an der Supermarktkasse das Kleingeld in meinem Geldbeutel und weiß genau, was der Kunde hinter mir denkt: „Mensch, Alte, mach hinne, ich hab's eilig!" Fahre ich Auto, weiß ich ganz genau, dass der Fahrer hinter mir meinen Fahrstil kritisiert. Beim Spaziergang hat die Frau, die mir gerade über den Weg gelaufen ist, zweifelsfrei gedacht, dass ich einen unmöglichen Kleidungsstil habe. Mit Sicherheit. Irrtum ausgeschlossen. Endlos könnte ich so weitererzählen. Vor einiger Zeit allerdings stellte ich fest: Aus irgendeinem Grund sind all diese Gedanken immer negativ. Also ICH komme jedes Mal negativ dabei weg. Jede einzelne dieser Aussagen ist harte Kritik an mir als Person. Irgendetwas läuft da wohl also falsch.

Nach und nach begann ich, meine Fähigkeit des „Gedankenlesens" anzuzweifeln. Mmh, war es möglich, dass ich mich irrte? Jemand erzählte mir die Geschichte „Der Mann mit dem Hammer" (aus: Paul Watzlawik, „Anleitung zum Unglücklichsein"), die so ähnlich ging: *Ein Mann möchte ein Bild aufhängen, stellt aber fest, dass er keinen Hammer im Haus hat. Er beschließt, seinen Nachbarn zu fragen, ob dieser ihm das Werkzeug leihen kann. Doch plötzlich startet bei dem Mann ein Kopfkino: Was, wenn der Nachbarn ihm den Hammer gar nicht leihen will? Schnell steigert er sich in diesen Gedankengang hinein und ist schließlich fest davon überzeugt: Der Nachbar ist ein komplett unfreundlicher Mensch, der ihm nie und nimmer einen Hammer leihen würde. Wutentbrannt läutet er schließlich bei seinem ahnungslosen Nachbarn Sturm und schreit ihn an: „Behalten Sie doch Ihren Hammer, Sie blöder Mistkerl!"*

Nun, ich muss zugeben: Ich fühlte mich ertappt. Konnte es sein, dass auch ich mich häufig in solche Gedankengänge hineinsteigerte? Es dauerte noch einige Zeit, aber nach und nach begriff ich: Mit diesem „Kopfkino" mache ich mir das Leben ziemlich schwer. Es zieht mich herunter, wenn ich immer davon ausgehe, dass andere nur schlecht von mir denken.

In den letzten Jahren hat mich eine heftige Lebenskrise erwischt. Ich wurde krank und mir wurde viel Zeit geschenkt, meine großen Lebensthemen anzugehen. So auch dieses. Inzwischen bin ich auf dem Weg der Besserung. Vor einiger Zeit belastete mich das Thema „Gedankenlesen" wieder einmal massiv und ich fasste einen Entschluss: Ich will das nicht mehr zulassen! Kein Mensch kann wirklich wissen, was sein Gegenüber denkt, außer die beiden sprechen direkt miteinander. Mir kam eine interessante Idee: Wie wäre es, wenn ich die vernichtenden oder zumindest sehr kritischen Gedanken, die ich anderen in den Kopf lege, umdichte und mir angewöhne, ihnen nette oder lustige Gedanken über mich zu unterstellen?

Als Erstes probierte ich es beim Autofahren aus. Fast immer war ich der Meinung, dass der jeweilige Autofahrer hinter mir meinte, ich fahre zu langsam oder was auch immer. An diesem Tag legte ich den Fahrern hinter mir einfach den Beginn des alten Countrysongs von Truck Stopp in den Mund: „Im Wagen vor mir fährt ein schönes Mädchen." Darüber kam ich so ins Schmunzeln, dass es für mich inzwischen zur Gewohnheit geworden ist und ich beim Autofahren automatisch diesen Ohrwurm vor mich hin summe. Seitdem fahre ich viel entspannter. Auch in anderen Situationen habe ich mir angewöhnt, neu zu denken. Das klappt nicht immer, aber heimlich still und leise schleicht sich hier alternatives und vor allem positives Denken ein! Da ich ja gemerkt habe, dass mir so eine Liedzeile beim Umdenken helfen kann, habe ich auch begonnen, bei Begegnungen mit anderen Menschen, zum Beispiel beim Spazierengehen oder beim Einkaufen, immer innerlich eine Textzeile zu summen. In diesem Fall sind es die ersten Zeilen des Refrains eines Andi-Weiss-Liedes. Dort heißt es: „Du bist gewollt, du bist geliebt, es ist so schön, dass es dich gibt" (aus: „Bleib bitte hier" vom Album „Gib alles, nur nicht auf"). Das Ergebnis: Begegnungen mit anderen sind nun nicht mehr von Angst vor Kritik geprägt, sondern passieren auf Augenhöhe! Ich nehme die anderen an, wie sie sind, und unterstelle ihnen, dass auch sie mir wohlgesonnen sind. Also bleibe ich beim Gedankenlesen – allerdings führt nicht mehr mein „innerer Kritiker" die Regie dabei, sondern ein fröhlicher, kreativer, lebensbejahender Anteil meiner Persönlichkeit.

Zum oben erwähnten Lied gibt es noch eine tiefer gehende Erfahrung: Ich erwähnte oben im Text eine Krise, aus der ich mich langsam wieder herausarbeite. Harte Monate liegen hinter mir, doch ich bewerte diese Zeit inzwischen als einen wichtigen Wendepunkt in meinem Leben und bin sogar dankbar dafür. Andis Lied begegnete mir an einem Tag, an dem ich ganz unten war. Ich war regelrecht lebensmüde, hatte keinen Mut und keine Hoffnung und sah keinen Sinn mehr. So schlecht ging es mir noch nie zuvor im Leben. Und plötzlich war da dieses Lied. Ich hörte es mir bestimmt 20- bis 30-mal an diesem Tag an. So lange, bis ich es wieder glauben konnte, dass es da jemanden gibt, der mir wohlgesinnt ist und der ganz viel Wertvolles in mir sieht, auch wenn ich selbst nicht mehr weiterweiß.

Marion Rühl, Hausfrau/Oma/Hobbyautorin, Jahrgang 1967, Bochum

Mein Jahr 2021 mit den Liedern von Andi Weiss

In den vergangenen Jahren habe ich über meine Kraft gelebt und gearbeitet, habe nicht auf die Warnsignale meines Körpers geachtet.

Anfang 2020 kam dann ganz plötzlich der Zusammenbruch. Auf einmal konnte ich nicht mehr schlafen, mich nicht mehr konzentrieren, nicht mehr lesen. Auch Musik hören ging gar nicht.

Im Februar 2020 war ich mit meiner besten Freundin auf einem Konzert von Andi Weiss „Gib alles, nur nicht auf". Was wir alle nicht ahnten: Es war eines der letzten Konzerte vor dem Corona-Lockdown. An den Onlinekonzerten konnte ich im weiteren Verlauf des Jahres 2020 leider nicht teilnehmen, weil ich mich einfach nicht genug konzentrieren konnte.

Im Frühjahr 2021 war ich zur Reha und habe es gewagt, ein Onlinekonzert von Andi Weiss zu hören. Ich weiß noch, wie mich dieses erste Konzert im Onlineformat fast umgehauen hat. Die Mut machenden Zusagen, wie die im folgenden Lied, haben mir Trost und Mut gegeben: „Vergiss nicht deine Flügel, große Berge werden Hügel, du hast schon so viel geschafft. Bis die Sonne wieder scheint, bis alles wieder gut ist, bin ich mit dir vereint. Schlechtes geht vorbei." Das Lied „Tanz im Regen – wenn du nicht tanzt, dann regnet es doch auch" hat auch meinem Vater sehr gut gefallen, der sich die Onlinekonzerte zeitversetzt angeschaut hat.

Irgendwie hatte ich oft das Gefühl, dass dieses eine Lied gerade für mich und meine Situation gespielt wurde. Die Liste mit meinen Lieblingsliedern wurde mit jedem Onlinekonzert länger.

In der Belastungserprobung – eine Behandlung in der Reha, vor der ich so viel Angst hatte – ging mir das Lied „Nie allein" durch den Kopf: „Mag deine Welt auch untergehn, dein Tal noch so finster sein – du bist nie allein."

Oder das Lied „Komm, wir lassen's uns gut gehen". Dort heißt es, dass wir auch als Pausierende geliebt sind. Es tat so gut, denn gerade Pausen hatte ich in den letzten Monaten vor der Krankheit viel zu wenig gemacht und wenn, dann auch nur mit einem schlechten Gewissen.

Als ich in der Reha überlegt habe, wie es mit mir weitergehen kann, hat Andi Weiss im Onlinekonzert das Lied gesungen „Es wird Zeit für dich, zu dir zu stehn". („Langsam leben lernen und nicht untergehn, mal eben bildlich werden und sich in die Augen sehn. Niemand kann dich vor dir schützen, selbst wenn fremde Fahnen wehn, können Spiegelbilder nützen – es wird Zeit für dich, zu dir zu stehn.") Das Lied war eine unsagbar gute Entscheidungshilfe für mich.

So könnte ich noch viele Lieder aufzählen, die mein Herz berührt haben. Radio konnte ich nicht hören, lesen konnte ich nicht, aber die Lieder von Andi Weiss konnte ich hören. Sie sind bis ins tiefste Innere gedrungen und haben mein Herz bewegt.

So zum Bespiel das Lied, in dem ich meine beste Freundin wiederfand: „Mensch, wie ich dich bewunder, wie du dein Leben meisterst, wie du dein Leben denkst." Sie wiederum fragte mich: „Hast du das Lied ‚Du bist mehr' mal angehört? Da musste ich total an dich denken!" („Du bist mehr als alle Traurigkeit, du bist mehr als Leistung, Raum und Zeit, du bist Licht, vergiss das nicht.")

Dann kam der Zeitpunkt, ab dem ich stundenweise wieder zur Arbeit gegangen bin. Ich war nach nur zwei Stunden Arbeiten total k.o. Auf dem Weg hörte ich das Lied „Laufen lernen" („Laufen lernt man nicht an einem Tag, heb deinen Kopf, steh wieder auf, bleib stark.") Dadurch wurde mir neu bewusst, dass es mir gerade so geht wie einem Kind, das Laufen lernt: Schritt für Schritt, Tag für Tag ein Stückchen mehr, immer darauf achtend, wie es gerade geht und klappt.

Im Juni dann machten endlich wieder Hotels und auch Thermalbäder auf. Wir waren in eine Therme gefahren und lagen im Außenbecken auf den Sprudelliegen in der Sonne. Auch in dieser Situation fiel mir wieder ein passendes Lied von Andi Weiss ein: „Ich halt mein Herz der Sonne entgegen. Ich bade in Liebe und ich schwimme im Glück." Dieser Text war wie gemacht für den Aufenthalt in dieser wunderschönen Therme bei Sonnenschein. Das Lied hat viele Tage meine Seele begleitet.

Im Juli 2021 waren wir dann wieder auf einem Livekonzert von Andi Weiss. In den letzten Wochen hatte mich das Lied „Wenn ich mal geh" besonders angesprochen. „Dann will ich sagen: Ich hab trotzdem gelebt, geliebt, getanzt."

Anfang August 2021 dann zwei folgenschwere Anrufe. Beim ersten wurde mir mitgeteilt, dass mein Papa gestürzt sei. Beim zweiten, eine Stunde später, sagte man mir, dass er gestorben ist. Das traf mich so vollkommen unvorbereitet auf dem Rückweg vom Urlaub, dass es auch heute noch wehtut.

Einen Monat lang konnte ich gar keine Musik mehr hören. Als ich dann wieder meinen MP3-Player anmachte, kam das Lied: „Was die Zeit bringt, weiß doch keiner, heute Lachen, morgen Weinen … Neben dir gehen gute Menschen, damit wird kein Weg zu weit. Über dir steht sein Versprechen, dass er immer bei dir bleibt." – Wie passend und tröstend zugleich.

Auf einmal klangen die vertrauten Lieder ganz anders, andere Textpassagen wurden mir wichtig. Die Lieder gewannen eine Tiefe, die ich vorher so nicht erkannt hatte. Das Lied „Ich weiß, es kommen wieder gute Tage, drum hör nicht auf zu leben, denn Wolken ziehn vorbei" war mir ein großer Trost. Und ja, es kamen wieder gute Tage.

Meine Familie und ich durften uns durch fürbittende Gebete getragen fühlen. Meine Mutter ist in der Zwischenzeit regelrecht aufgeblüht. Ich arbeite wieder mit reduzierter Stundenzahl. Freundschaften sind noch tiefer und das Leben insgesamt noch intensiver geworden.

„Ich weiß, da ist ein Licht am Ende des Tunnels" – wie es in einem weiteren Lied von Andi Weiss heißt. Mit Gottes Hilfe werde ich auch diesen und den nächsten Sturm hier überstehen. Und eines Tages werde ich meinen Vater wiedersehen.

Danke an Andi Weiss für die vielen tollen Lieder, für die Onlinekonzerte und dein Trösten und Mutmachen in den letzten Monaten.

Martina D.

Nachsitzen

Wie Diebe freuten wir uns im kalten Wohnzimmer: Vom abendlichen Treffen meines Vaters mit der Jugendgruppe war etwas für mich und meinen Bruder übrig geblieben: Würzfleisch. Aufnäher. Widerspruchsgeist. Hoffnung.

Stolz marschierten wir als Kinder vor 40 Jahren in die Schule. Auf dem Ärmel einen Aufnäher mit dem Bibelwort aus Micha 4: „Sie werden ihre Schwerter zu Pflugscharen machen."

Der sächsische Landesjugendpfarrer Harald Bretschneider hatte Cleverness bewiesen. Er hatte eine „vom sowjetischen Bruder" der UNO geschenkte Plastik als Vorbild genommen und deren Abbild auf ein Stück Textil gedruckt. Damit umging er gewitzt die staatliche Druckgenehmigung für Schrifterzeugnisse auf Papier. Innerhalb kürzester Zeit verbreitete sich der Aufnäher „Schwerter zu Pflugscharen" tausendfach in der DDR. Mitten im Kalten Krieg, der wachsenden Militarisierung und dem Wettrüsten stand der Vers aus Micha 4 für Würze, Widerspruch, Hoffnung, Helligkeit, Glauben, Hoffnung.

November 1981 – längst war die Schulglocke verhallt. Ich saß als Zwölfjähriger immer noch im tristen Klassenraum.

Zwangsweise. Hinter mir die Wandzeitung. Sie verkündete: Solidarität mit Luis Corvalan und „Der Friede muss bewaffnet sein". Vor mir baute sich eine Drohkulisse aus Klassenlehrerin, Pionierleiterin und Staatsbürgerkundelehrer auf. Drei Erwachsene gegen ein Kind. Ihre dringlichen Worte klingen mir noch heute im Ohr: Wir müssen unser „Haus DDR" gegen den imperialistischen Klassenfeind schützen! Ob ich mir bewusst sei, dass dieser Aufnäher den Feinden des Sozialismus in die Karten spiele?

Ich wurde – gefühlt – Stunden bearbeitet, getadelt, kleingemacht, beschimpft, eingeschüchtert. Trotzdem blieb ich dabei. Der Aufnäher bleibt dran. Auf dem Heimweg traf ich meinen zehnjährigen Bruder. Diesem war im Beisein des Schuldirektors und eines Polizisten der Aufnäher vom Jackenärmel gerissen worden.

Tränen, Beklommenheit, Angst, Einschüchterung versus Würze, Widerspruch, Hoffnung, Helligkeit, Glauben, Hoffnung.

Verbeugung und Hochachtung vor den damaligen ParkaträgerInnen: Andrea und Uwe Fehre, Heike und Heiko Beutler, Michael Herold, mein Vater, meine Mutter und all die anderen …

Wir haben als Kinder zu euch Großen aufgeschaut und sind euch nachgestolpert. Wir mussten „bloß" nachsitzen, ihr habt für euern jugendlichen Glaubensmut bezahlt mit Stasihaft, Repressalien, Bespitzelungen, Verleumdungen, Erniedrigung, Kinderentzug, Arbeitsplatzverlust, Flucht … Ihr seid für mich die stillen Wegbereiter, die ungeehrten Heldinnen und Helden der friedlichen Revolution.

November 1981.
Ein winziges Bibelwort entfaltet Kraft.
Ein Staat reagiert hilflos. Repressalien.
Der Anfang vom Ende.
Jugendgruppe.
In einem kalten Wohnzimmer.

Würzfleisch.
Heute: Familientradition am Heiligen Abend.
Ein Kind. Frieden auf Erden.
Erinnert mich ein Aufnäher auf dem Schreibtisch an mein erstes Nachsitzen.

Rüdiger Jope, Redakteur, Jahrgang 1969, Wetter/Ruhr

„Wir haben schon so viel geschafft ..."

„Wir haben schon so viel geschafft, das schaffen wir auch noch". – Die Geschichte eines Satzes, der zum Lebensmotto wurde und irgendwann nicht mehr ausgesprochen werden konnte.

Wann immer meine Mama ins Krankenhaus kam, sagte sie diesen Satz. Mit den Jahren wurden es zahlreiche Klinikaufenthalte. Los ging es irgendwann im Jahr 2007 mit zu hohem Blutdruck. Zwei Jahre später wurde bei ihr eine chronische COPD diagnostiziert. Sofort hörte sie von einem auf den anderen Tag mit dem Rauchen auf.

Fortan wurden die Klinikaufenthalte mehr, die Abstände dazwischen immer kürzer.

Meine Mutter trug dies alles mit großer Gelassenheit und Gottvertrauen. Für sie stand es immer außer Frage, dass sie wieder gesund wird. Alle Einschränkungen, die sie im Laufe der Jahre hinzunehmen hatte, trug sie, ohne zu klagen. Und immer wieder dieser Satz: „Wir haben schon so viel geschafft, das schaffen wir auch noch."

Geboren wurde sie im Jahr 1944 und wuchs mit zwei älteren Brüdern und ihren Eltern unweit des Klosters Fürstenfeld auf. Nach ihrer Ausbildung zur Kinderkrankenschwester verschlug es sie nach Garmisch-Partenkirchen. Für sie stand fest, dass sie nie im Leben ihr geliebtes Bayern verlassen würde. Eine Heirat über die Donau hinaus war für sie undenkbar. Bis sie über Zufälle einen Dorfpfarrer kennenlernte, der gerade eine Pfarrstelle an der Loreley angetreten hatte. Nach einem ersten Treffen an Pfingsten 1971 wurde im Oktober geheiratet. Die Vorsätze, nie über die Donau hinaus zu heiraten, waren mit einem Mal über Bord geworfen.

Als junge Frau, die nie viel mit der Kirche am Hut hatte, war sie nun Pfarrfrau. Sie wuchs in diese Rolle hinein. Zur damaligen Zeit war es selbstverständlich, dass die Pfarrfrau kostenlos für ihren Mann in der Gemeinde mitarbeitete. So übernahm sie Kindergottesdienste, Frauenkreise, leitete Dekanatsfrauentreffen mit über 500 Gästen und wurde irgendwann Beauftragte für die Erwachsenenbildung im Dekanat. Später wurde sie Lektorin und leitete selbstständig Gottesdienste. Über zehn Jahre nahm sie dieses Ehrenamt wahr, bis sie sich um meinen pflegebedürftigen Vater kümmerte. Nur ihren geliebten Frauenkreis leitete sie bis zum Frühjahr 2019.

Im Jahr 2018 wurde eine beidseitige Lungenembolie diagnostiziert, nur knapp sprang sie dem Tod im letzten Augenblick von der Schippe. „Wir haben schon so viel geschafft, das schaffen wir auch noch." Wieder hörte ich diesen Satz von ihr. Und wir schafften es. Nach drei Wochen kam sie schwach, aber genesen aus dem Krankenhaus zurück nach Hause. Sie konnte mit neuen Einschränkungen ihren Alltag bewältigen.

Die letzten schönen Tage ihres Lebens erlebte sie rund um ihren 75. Geburtstag im Juli 2019. Danach verschlechterte sich ihr Gesundheitszustand zusehends. Am Abend des 6. Septembers 2019 schaffte sie es nicht mehr, den Weg in den ersten Stock ins Bett zu bewältigen. Sie brach auf der Treppe zusammen und ich rief den Krankenwagen.

Auf der Treppe sitzend und wartend, legte sie ihren Kopf auf meine Schulter. Ich nahm sie in den Arm. Mit schwacher Stimme sagte sie: „Thias, das wird nix mehr. Ich sterbe." Es fühlte sich an wie eine Ewigkeit, bis der Krankenwagen kam. Als er dann endlich da war, wollte meine Mutter nicht, dass ich hinterherfuhr. Ich blieb also daheim und dachte über den gehörten Satz nach. „Thias, das wird nix mehr, ich sterbe."

Am nächsten Tag, gegen Mittag, fuhr ich ins Krankenhaus, fand sie im Bett liegend und packte aus, was ich ihr alles mitgebracht hatte. Ein paar Süßigkeiten, Waschzeug, Wäsche zum Wechseln, Illustrierte zum Lesen. Wir unterhielten uns über alles Mögliche. Lachten.

Am späten Nachmittag musste sie zur Toilette. Der Pfleger kam sofort, half ihr. Nachdem er meine Mama wieder ins Bett gelegt hatte, kollabierte sie, klagte über starke Rückenschmerzen, zitterte am ganzen Leib. Sofort wurde sie auf die Überwachungsstation gebracht. Ich wartete, bis ein junger Assistenzarzt zu mir sagte, dass es sich wohl um ein multiples Organversagen handele. Weiter fragte er mich, ob es eine Patientenverfügung gäbe. Ich verneinte und gab ihm zu verstehen, dass meine Mama keine lebensverlängernden Maßnahmen wolle. Sie könne ihm das bestätigen. Er fragte bei ihr nach, gab mir dann Bescheid, dass meine Mutter meine Aussage bestätigt habe und er es entsprechend vermerken würde. Ich solle nun nach Hause fahren und später am Abend anrufen. Sobald sich etwas verändere, würde man mich informieren. Nun aber wolle man versuchen, sie zu stabilisieren. Für mich war klar, was diese Diagnose zu bedeuten hatte. Meine Mutter würde sterben.

Gegen 21 Uhr rief ich im Krankenhaus an, hatte eine freundliche Pflegerin am Telefon, die den Hörer an meine Mama weitergab. Ich hörte eine leise, aber doch vertraute Stimme. Wir unterhielten uns kurz und ich versprach ihr, gleich am nächsten Vormittag, gegen 10 Uhr wieder zu ihr zu kommen. Wir wünschten uns eine gute Nacht. Zum Schluss sagte sie: „Mach dir keine Sorgen!", dann endete das Gespräch.

Am nächsten Morgen klingelte das Telefon. Ich erkannte die Telefonnummer des Krankenhauses. Die Ärztin erklärte mir, dass meine Mama stabil sei, aber dringend ins Krankenhaus nach Koblenz verlegt werden und an die Dialyse müsse. Ich willigte ein. Man bat mich, gegen 13 Uhr in Koblenz anzurufen. Bis dahin sei der Zugang gelegt und sie an der Dialyse.

Mittags rief ich im Krankenhaus an. Auf der nephrologischen Station konnte man mir keine Antwort geben, denn meine Mama liege auf der medizinischen Intensivstation und wurde bereits dreimal reanimiert. Ich solle gegen 15:30 Uhr noch einmal anrufen. Dann gab man mir die direkte Durchwahl zur Station. Sekunden wurden zu Minuten, Minuten zu

Stunden. Dann endlich! Kurz vor halb 4. Ein sehr einfühlsamer Pfleger sagte mir, dass meine Mama nicht mehr bei Bewusstsein sei und sterben würde. Sie sei intubiert und würde künstlich beatmet. Ich war geschockt. All das wollte sie doch nie und ich gab dies dem Pfleger zu verstehen. Er gab den Hörer weiter an den zuständigen Arzt. Dieser fragte: „Sollen wir es beenden?"

Leise sagte ich: „Ja, beenden Sie es." Ich legte auf, setzte mich wie in Trance ins Auto, merkte, dass ich kaum in der Lage war zu fahren, und bat eine Freundin, mich nach Koblenz zu fahren. Vor dem Krankenhaus angekommen, rannte ich in die Eingangshalle zur Information und fragte, wo ich die medizinische Intensivstation fände. Man beschrieb mir den Weg, ich verlief mich, landete auf der „ITS". Nochmals beschrieb man mir den Weg. Dann stand ich vor einer milchverglasten Tür. Ein junger Pfleger öffnete. Ich nannte meinen Namen, sagte, dass ich zu meiner Mama wolle. Er schwieg. Schaute mich an, bat mich, mit ihm zu kommen. Mir war sofort klar: Ich kam zu spät. Um 16:01 Uhr am 9. September war meine Mama eingeschlafen. Eine gute halbe Stunde, nachdem ich gesagt hatte: „Ja, beenden Sie es".

Der junge Pfleger führte mich zu ihr. Ich setzte mich ans Bett, streichelte sie, gab ihr einen Kuss auf die Stirn und auf die Wangen. Ihre Haut war noch warm, nur ihre Hände wurden kühl. „Morgen hol ich dich heim, Mama!", flüsterte ich ihr zu.

Matthias Pflugradt, Jahrgang 1976, Loreley

So eine Blamage

Es ist zum Verzweifeln. Die Lage spitzt sich zu und ich kann nicht drüber reden. Der Druck wird immer größer und ich kann nichts dagegen machen. Ich wache nachts auf und merke, dass ich sofort aufs Klo muss zum Wasserlassen. Aber noch im Gehen entleert sich meine Blase. Ja, es ist zum Verzweifeln, zum „Aus-der-Haut-Fahren". Ich bin machtlos und fühle mich bis tief hinein in meine Seele blamiert. Ich falle ins früheste Kindheitsalter zurück. Wenn ich fertig bin auf dem Klo, nehme ich Küchenpapier zur Hand und wische meinen Urin wieder auf.

Ich habe als Kind und Jugendlicher natürlich Verletzungen abbekommen, wie das bei halbwegs lebhaften Jungen nun mal nicht ausbleibt: Irgendwo ungeschickt heruntergesprungen und mit fünf Jahren das Wadenbein gebrochen. Mir drei Mal beim Fußballspielen heftige Verletzungen zugezogen. Gerauft und eine „auf die Fresse" bekommen. Natürlich auch zurückgeschlagen. Das Schlimmste aber war für mich immer, wenn ich mich am Ende blamiert habe. Dafür brauchte es gar keine körperlichen Verletzungen. Die übelsten Erfahrungen waren immer die, wenn ich beschämt dastand …

Und jetzt dies! Ich blamiere mich vor mir selbst. Mit eingezogenem Kopf und tief beschämt stehe ich da. Eine ganz wesentliche Körperfunktion versagt mir den Dienst. Ich kann meinen Harndrang nicht mehr kontrollieren.

Aber endlich überwinde ich meine Scham und suche einen Arzt auf, der sich in diesen Dingen auskennt, einen Urologen. Er erklärt mir, dass er nicht sofort operieren, sondern mir erst mal Tabletten verschreiben möchte und ich dann sehen könne, ob sie wirken würden. Zumindest etwas beruhigend ist seine Erklärung, dass das alles mit meiner Prostata zu tun habe und dass das bei 80 Prozent aller Männer im fortgeschrittenen Alter vorkomme. Aber so richtig hilft mir das alles nicht. Das Gefühl der Blamage, der Niederlage – es bleibt. Ja, ich fühle mich nach wie vor blamiert vor aller Welt. Es ist mir unfassbar peinlich. Zwei Monate später bin ich wieder beim Urologen und sage ihm, dass sich nichts, aber auch gar nichts geändert habe. Jetzt nimmt er mich mit in sein Behandlungszimmer, zieht sich einen weißen Arbeitsmantel an und bittet mich, mich untenrum frei zu machen und mich auf eine Liege zu begeben. Dann ruft er seine Assistentin, nimmt meinen Penis und führt ein Stethoskop ein. Ich komme mir wieder ganz komisch, kleingemacht und blamiert vor. Endlich – ich weiß nicht mehr, nach wie langer Zeit – entfernt er die Geräte, zieht den Mantel aus und bittet mich in sein Gesprächszimmer.

„Die Sache ist ernster als vermutet", erklärt er mir ruhig. „Sie sollten nicht mehr bis nach Weihnachten warten oder gar bis ins neue Jahr. Ich würde vorschlagen: Wenn Sie zustimmen, dann machen wir den Eingriff in zwei Wochen." Er erläutert mir, dass er die Prostata nicht vollkommen entfernen werde. „Man nennt das Abhobeln …"

Bevor ich jetzt weitererzähle, möchte ich noch erwähnen, dass es seit meinem Eintritt in den Ruhestand zu meinem festen Tagesablauf gehört, dass ich noch vor dem Frühstück den Tag mit dem „Rummelsberger Brevier", einem Gebetsbuch für das ganze Kirchenjahr, beginne. Ich lese den Leitsatz der jeweiligen Woche, den Wochenpsalm, den biblischen Tagestext und die kleine Auslegung dazu. Und dann schließe ich meine kleine Andacht mit dem jeweiligen Tagespsalm ab.

Für die zweite Adventswoche war meine Operation angesetzt. Gleich am Montag. Am Sonntag hatte ich mich im Krankenhaus einzufinden. Bevor ich also in die Klinik fuhr, las ich den Text aus meinem Brevier zum zweiten Advent. Und was stand da als Leitspruch für diese Woche, der Woche meiner Operation?

„Seht auf und erhebt eure Häupter, weil sich eure Erlösung naht" (Lukas 21,28).

Lachend, aber auch mit Tränen in den Augen, sagte ich zu meiner Frau: „*So* habe ich diesen Text noch nie gelesen …"

Michael Herrmann, Diakon i.R. und ehemaliger Senior der Rummelsberger Bruderschaft, Jahrgang 1947, Nürnberg

Starker Mann

Meine Leidensgeschichte fängt im Alter von 6 Jahren an. Ich wurde sexuell missbraucht, mir wurde Gewalt angetan und ich musste vieles erleiden. Vieles sollten Kinderaugen einfach nicht sehen. Ich war ein Junge, bin jetzt ein Mann. Die Täterin war meine Mutter.

Der Anfang war schwer, aber als junge Familie haben es meine Eltern recht gut geschafft, uns durchzubringen. Wir zogen, als ich zwei Jahre alt war, nach Ostberlin.

In der Ehe meiner Eltern gab es Probleme und so kam es vonseiten meiner Mutter zu einem besonderen Verhältnis zu mir, das im Alter von 6 Jahren anfing.

Es waren „Badewannenspielchen". Meine Mutter fand es ganz toll, mit meinem Geschlechtsteil ausdauernd zu spielen. Meine kleine Welt war einfach perfekt. Ich habe mich ab diesem Moment als etwas ganz Besonderes gefühlt. Ich war ihr „Schatz". Die Aufmerksamkeit war echt toll. Und nein, es hat sich anfangs nicht komisch angefühlt, sondern schön.

Doch die Übergriffe wurden härter und grober. Meine Mutter verlor immer mehr die Nerven, schlug mich und meinen Bruder immer mehr und immer brutaler. Der Vater war im

Gefängnis wegen „Fluchtversuch" und die Mutter zunehmend überfordert mit dem 7-jährigen Sohn, der einen schweren Unfall erlitten und daher einen Teil seines Beines eingebüßt hatte.

Danach ging es mit sexuellen Übergriffen los. Geschlechtsverkehr, Alkohol in jungen Jahren und eine Mutter, die sich prostituierte. All das habe ich gesehen und das Leben hat mir viele Geschichten in die Seele geschrieben.

Mit der Geburt meines eigenen Sohnes wurde eine Tür geöffnet, die lange Zeit verschlossen war. Ich hatte auf einmal wieder Zugang zu den Bildern meiner Vergewaltigung und zu meiner unsäglichen Jugend. 13 Jahre Missbrauch und Gewalt. All das hätte mich fast vernichtet. Ich wollte nicht mehr leben und habe zweimal versucht, mir das Leben zu nehmen. Über viele Jahre habe ich Tabletten genommen, war in Krankenhäusern und musste mir immer wieder anhören, dass die Täterin den Schutz der Verjährung genießt. Ich bin seither zu 40 Prozent behindert.

Doch Gott hat einen Weg für mich gefunden. Er hat mir eine Frau an die Seite gestellt, mit der ich bis ans Ende der Welt gehen soll. Eine Frau, die mir vertraut, meine Schwächen annimmt und mich als Mann nie infrage gestellt hat. Durch sie bin ich in eine Gemeinde gekommen, wo mir der Weg zu Gott aufgezeigt wurde. Er ist ein Gott, der immer noch Wunder tut, und diese darf ich immer wieder erleben.

Ich habe viele Fragen gestellt, geflucht und geweint. Habe alles mit Gott ausgemacht und ihm alles erzählt. Er hat mir zugehört und mir gezeigt, wie man lernen kann, sich selbst zu lieben. Vor allem aber hat er mich den Unterschied gelehrt zwischen Vergeben und Vergessen.

Durch die Hilfe meiner Frau Sarah habe ich gelernt zu vergeben – nach allem, was ich erleben musste! Ich bin ein starker Mann geworden. Danke, Gott.

Pascal M.

Von Gott tief berührt

Vor vielen Jahren durfte ich eine wundervolle Frau kennenlernen. Sie hatte den schönen Namen Dorothee und sie wurde meine erste Freundin. Dorothee hatte einfach ein freundliches, einnehmendes Wesen. Sie strahlte eine Freude und Sanftheit, Ausgeglichenheit und Kraft aus, wie ich es selten erlebt hatte.

Mit ihrem Wesen weckte sie in mir eine ganz neue Neugierde auf den Glauben, obwohl sie mit mir kaum darüber sprach. Oder vielleicht gerade deshalb, weil sie nicht so viele Worte um ihren Glauben machte. Es waren ihre Ausstrahlung, ihre liebevolle Art und ihre Reife. Sie versuchte, einfach das zu leben, was sie tief in ihrem Innersten glaubte. Ihre Anziehungskraft ging weit über ihre äußere Schönheit hinaus. Sie kam aus ihrem Inneren.

Wenn ich mich so zurückbesinne, glaube ich, dass mir das damals nicht so bewusst war, weil ich sie ja gerade erst kennenlernte. Ohne es genau beschreiben zu können, hat mich die Begegnung und die Freundschaft mit Dorothee Gott wieder nähergebracht. Es war ein Wendepunkt in meinem Leben. Der Schlüssel dazu liegt vor allem auch in unserem gemeinsamen Besuch in Taizé.

Taizé ist ein besonderer Ort – ein kleines, unscheinbares Dorf im Süden der Bourgogne (Burgund) in Frankreich. Gleichzeitig ist es ein Ort des gemeinsamen Gebets und Lobgesangs, ein Ort der Gemeinschaft, des Friedens und der Freude.

Dort lebt eine ökumenische Glaubensgemeinschaft, die vor allem durch ihre meditativen, sich wiederholenden Gesänge in verschiedenen Sprachen bekannt geworden ist.

Nachdem wir uns ein wenig näher kennengelernt haben, erzählte mir meine Freundin Dorothee von Taizé und den jährlichen Jugendtreffen im Sommer, die sie seit ihrem 15. Lebensjahr regelmäßig miterlebt hatte.

Obwohl sie nur wenige Worte machte, spürte ich, dass ihr Herz beim Erzählen auf eine Reise ging und ihre Augen diese besondere Freude und Begeisterung ausstrahlten. Sie wollte im Sommer wieder dorthin und sagte mir, dass sie mich gerne mitnehmen würde, aber nur, wenn ich mir das wirklich vorstellen könne und wirklich wolle. Zwar hatte ich keine große Vorstellung, was mich dort erwarten würde, aber ich war glücklich und froh, dass sie dieses Erlebnis mit mir teilen wollte. Meine Neugier war sofort geweckt und nachdem ich ihre leuchtenden Augen gesehen hatte, gab es keinen Zweifel mehr: Ich wollte das gerne mit ihr gemeinsam erleben.

Es fällt mir schwer, diese Reise nach Taizé in Worte zu fassen, aber sie wurde zu einem der bedeutendsten, tiefsten und emotionalsten Erlebnisse in meinem Leben. Man muss dort gewesen sein und es selbst erlebt haben und dennoch erlebt es wohl jeder Mensch etwas anders und individuell, aber es gibt wohl kaum einen Menschen, der von der Atmosphäre dieses Ortes nicht berührt wird.

Neben Dorothee saß ich auf dem blanken Boden in einer einfachen, mit Kerzenlicht erleuchteten Kirche, inmitten von vielen anderen jungen Leuten aus vielen Nationen. Ziemlich bald trafen mich die einfachen, kraftvoll gesungenen Taizé-Gebete mitten ins Herz. Plötzlich konnte ich nicht mehr anders und begann – wie aus heiterem Himmel – zu weinen und heftig zu schluchzen. Die Tränen rannen über meine Wangen.

Ich war nicht traurig oder gerührt, nein, ich war im Innersten zutiefst ergriffen.

Ich glaube, Jesus hat mich damals ganz tief in meinem Herzen berührt und diese Tränen waren wie der Beginn einer Reinigung und Belebung meiner Seele.

Zuerst habe ich mich vor Dorothee geschämt. Es war schließlich das erste Mal, dass ich mich so verletzlich zeigte und so richtig vor ihr weinte, aber in ihren Augen sah ich nur Mitgefühl, Liebe und Verständnis. In der trauten Zweisamkeit in unserem Zelt sollten bald noch mehr Tränen fließen, als ich ihr von meinen Ängsten und Erlebnissen während des Studiums und in der Psychiatrie erzählte.

In dieser Zeit hatte ich mich im Grunde nur auf mich selbst, meine eigene Stärke und meinen Ehrgeiz verlassen. Gott kam in meinen Gedanken nicht vor. Ich lebte zum ersten Mal in meiner eigenen kleinen Wohnung und mutete mir durch meinen vollgepackten Stundenplan viel Stress zu. Allerdings schien mir das damals nicht wirklich bewusst zu sein.

Außerdem wollte ich nebenbei mein Leben genießen und neue Menschen kennenlernen. So verliebte ich mich sogar dreimal kurz hintereinander, erlebte aber auch viel Liebesfrust und Enttäuschungen. Der Prüfungsstress und die emotionale Gefühlsachterbahn ließen mich schließlich kaum mehr zur Ruhe kommen. Ich schlief immer schlechter, bis ich sogar den Bezug zur Realität verlor und mich von dunklen Gestalten bedroht und verfolgt fühlte.

Diese Ängste steigerten sich zum Schluss so weit, dass ich aus Angst um mein Leben den Notarzt anrief, der mich in die Psychiatrie brachte.

Heute glaube ich, dass diese schwere Zeit trotz allem eine Chance für einen Neubeginn mit Gott war. In dem späteren Erlebnis in Taizé hat Jesus mir seine Nähe und seine tiefe Liebe gezeigt. Er hat das Schwere zum Guten geführt.

Der Herr hat mich gerade in dieser schlimmen seelischen Not und in meinem ganzen Misstrauen nicht verlassen, sondern er ist mir auch damals in der Psychiatrie begegnet, in der Begegnung mit meinem alten, vertrauten Schulkameraden Jan.

Ich hatte Jan lange nicht gesehen und wusste nicht, was aus ihm geworden war. Entsprechend überrascht war ich, ihn hier zu treffen. Mit großen Ängsten hatte ich damals meine erste Nacht in der Psychiatrie irgendwie überstanden und am nächsten Tag stand Jan plötzlich vor mir.

Er sollte auf „meiner Station" als Krankenpfleger aushelfen. Eigentlich war er normalerweise auf einer ganz anderen Station im Einsatz.

Gott sei Dank! Ich war einfach nur froh, ein vertrautes Gesicht zu sehen. Schließlich kannte ich Jan schon lange. Es war der Jan, der früher niemals um einen lustigen Spruch verlegen war. Und doch war es ein anderer Jan, dem ich jetzt begegnete. Der „neue" Jan war ruhiger und um einige Erfahrungen reifer.

Für mich war er damals wie ein Engel und wie ein Lichtblick, weil er auf mich zukam, mir zuhörte und mich mit meinen Verfolgungsängsten ernst nahm, ohne sie sofort als Blödsinn oder Wahnvorstellung einzustufen. Und so war er der erste Mensch auf dieser Station, dem ich langsam wieder Vertrauen schenken konnte. Dafür bin ich ihm heute noch sehr dankbar.

Allerdings folgte darauf noch eine längere Zeit der Depression, wo ich weder Freude noch Traurigkeit empfinden konnte. Es war eine schwere Phase, ein Weg durch die Wüste und ein steiniger Weg zurück zu meinem Herrn und Erlöser Jesus, der nie von meiner Seite wich, weicht noch weichen wird.

Gott sei Dank konnte ich diese schwere Zeit hinter mir lassen und es war ein großer Segen, meiner Freundin Dorothee damals in Taizé von meiner Lebenskrise erzählen zu können. Ich hatte einfach vollkommenes Vertrauen zu ihr. Das war in dieser Zeit das größte Geschenk für mich!

Sebastian Strauß, Heilerziehungspfleger, Jahrgang 1980

Zwei Engel „on tour"

Eigentlich! Eigentlich hätte diese Wanderung eine entspannte, gemütliche Tour werden sollen. Die Tage zuvor waren wir als Familie in den Pyrenäen eher „sportlich" unterwegs. Viele Höhenmeter, schwere Rucksäcke, verschwitzte Klamotten und müde Beine – das war unser „Urlaubsalltag". Anstrengend, durchaus, aber so wollten wir es.

An diesem Tag planten wir jedoch mal eine kurze Tour mit schönen Ausblicken, sonnigen Rastplätzen und erfrischenden Zeiten am Wasserfall. Eigentlich.

Am Ende dieser Tour, und jetzt im Rückblick viele Jahre später, sind unsere Gedanken immer noch erfüllt mit Erschöpfung, Angst, Schmerz, Verzweiflung, aber auch Staunen, Dankbarkeit, Glauben und einer Engelsbegegnung.

Dann also los: Nach einem fröhlichen, sonnigen Aufstieg mit kurzem Fotoshooting am Wasserfall erreichen wir den „Höhepunkt" unserer Tour. Wir genießen den Ausblick, erkennen einen kleinen glitzernden See und den angrenzenden Bergwald. Hier werden wir später auf unserem Rückweg vorbeikommen. Jetzt nochmals kurz die Wanderkarte studiert, die Sonnenhüte aufgesetzt, und schon springen unsere 5 Kinder wie kleine Bergziegen davon. Wir Eltern gehen den Abstieg etwas langsamer und nicht ganz so arglos an. Hatten wir oben am Gipfel doch eine kleine Auseinandersetzung bezüglich der Ausrichtung der Karte und des einzuschlagenden Weges. Nun sind aber auch wir auf Blumenwiesen, durch Geröllhalden, über Granitblöcke und entlang eines kleinen Sees unterwegs. Schön und abwechslungsreich ist es. Doch haben wir die Augen immer in die Umgebung gerichtet, denn eigentlich hätte das Wanderzeichen für unseren Weg um den Gipfel herum und dann hinunter ins Tal schon längst zu sehen sein sollen.

Dann, ein unaufmerksamer Tritt. Ich stolpere und knicke mit meinem Fuß um. Kurz weiß ich nicht, ob ich überhaupt weitergehen kann. Es tut so weh! Mein Sprunggelenk lässt sich vor Schmerz kaum bewegen. Also machen wir erst mal Pause. Ich kühle und bandagiere meinen Fuß, während der Rest meiner Familie unseren Proviant verspeist. Mir ist gerade so gar nicht nach Essen. Mühsam versuche ich, meine Schmerzen und Tränen hinunterzuschlucken.

„Papa, sind wir eigentlich noch richtig? Hätten wir nicht schon den Parkplatz sehen müssen? Wie lange laufen wir noch?", sprechen die Kids aus, was ich schon länger vermute.

„Schaut, da vorne geht es bestimmt um den Bergvorsprung herum und dann immer abwärts zum Auto", so kommt es unnatürlich zuversichtlich aus dem Mund meines Mannes.

Nach einer weiteren halben Stunde ohne Weggabelung, dafür aber mit Schmerzen, Kraftlosigkeit, Zweifeln, Hunger und Durst, kann und will ich einfach nicht mehr weiter. Ich bin komplett am Ende.

Ich setze mich zwischen Alpenrosenbüschen und Bergkiefern auf den Boden und lasse meinen Tränen freien Lauf.

Uns allen ist spätestens jetzt klar, dass wir uns jämmerlich verlaufen haben.

Was tun? Den gesamten Weg bergauf zurück – keine Option; Hilfe anfordern ohne Handyempfang – hoffnungslos; einfach sitzen bleiben und der Dinge harren, die da kommen oder eben auch nicht – absolut unsinnig.

Und wieder sprechen unsere Kinder aus, was das einzig Richtige in dieser Situation ist: beten, beten, beten.

Da stehen wir nun, mitten im Nirgendwo – verloren, frustriert, kraftlos, verzweifelt, aber nicht ohne Hoffnung! Wir wissen, dass Gott gegenwärtig, allmächtig, liebend und fürsorglich ist.

ER sieht uns, ER hat den Über- und Rundumblick und ER hat alle Möglichkeiten zu helfen!

So fassen wir uns an den Händen und beten um Kraft, Weisheit und Schutz.

Trotz des Wissens, dass dies die komplett falsche, aber eben einzig mögliche Richtung ist, machen wir uns still, nachdenklich, im Herzen weiterbetend wieder auf den Weg.

Schon tief im Tal, in einem Erlenwäldchen, bleiben wir an einer Weggabelung stehen. Die Angst, sich wieder falsch zu entscheiden, ist spürbar. Da tauchen plötzlich zwei Männer neben uns auf. Sie wollen schon an uns vorbei und weitergehen, als wir verzweifelt beschließen, sie anzusprechen. Nicht gerade Erfolg versprechend, wenn man dieser fremden Sprache so gar nicht mächtig ist. Aber siehe da: Mit Wanderkarte, Wörterbuch, Händen und Blicken verstehen sie, dass wir wohl sehr, sehr weit von unserem Auto entfernt sein müssen.

Sie fordern uns auf, ihnen zu ihrem geparkten Auto zu folgen. Dort wollten sie nochmals die Lage „checken" und dann weitersehen, welche Möglichkeiten es für uns gibt.

Mit etwas mulmigem Gefühl erreichen wir schließlich völlig erschöpft und mit ausgetrockneten Kehlen den Parkplatz. Entsetzt blicken wir auf die Straßenkarte und in die Gesichter dieser zwei Wanderer. Wir sind nicht nur ein ganzes Tal, sondern mehr als eine Autostunde von unserem Ausgangspunkt entfernt. So stehen wir fassungslos da. Einen Linienbus, Taxi oder gar einen Bahnhof in erreichbarer Nähe gibt es nicht. Aber Engel!

Gott hat wohl extra für uns diese zwei französischen Gottesboten „on tour" geschickt; und das mit perfektem Timing und absoluter Zielgenauigkeit. Unglaublich.

Nebst ausreichend Wasser bieten uns „unsere zwei Engel" an, meinen Mann und unsere ein paar Brocken Schulfranzösisch sprechende Tochter zu unserem Auto zu fahren.

Das bedeutet jedoch, dass nun diese zwei Wandersleute in genau die falsche, da für sie entgegengesetzte Richtung unterwegs sein werden. Unglaublich, dass sie das für uns Fremde auf sich nehmen wollen.

So lassen wir übrigen müden „Krieger" die vier dankbar, aber nicht ganz ohne Angst und mütterliche Sorge ziehen. Wir haben gebetet und nun heißt es auch zu vertrauen. Gott ist dabei.

Spätestens als nach weiteren zwei Stunden unser Familienbus mit zwei strahlenden Gesichtern auf den Parkplatz fährt, ist uns allen tief im Herzen klar, dass wir diesen Tag mit unseren zwei Engeln „on tour" nicht vergessen werden.

Gott hat uns, wie so oft schon in unserem Leben, auf SEINE ganz besondere, eigene Art und Weise versorgt. Seine Hilfe kam auch dieses Mal „allerspätestens" rechtzeitig.

Wenn ich mich an diese erlebnisreiche Wanderung erinnere und über einzelne „Stationen" dieser Tour nachdenke, ist sie mir schon oft zum Sinnbild meines Lebens geworden.

So will ich nicht aufgeben, wenn es wieder einmal in meinem Leben nur „abwärts" zu gehen scheint; wenn ich falsche Entscheidungen getroffen habe und eine Umkehr unmöglich ist; wenn es mir im Familienalltagsallerlei nur noch zum Heulen ist.

Ich will mit Gottes Hilfe aufstehen, weitergehen und mit ihm neue Perspektiven und Wege suchen und finden. Gott sieht mich, er hat ein Ziel für mich und er schenkt Rat, Kraft und Hilfe zu seiner Zeit. Seine Zusage gilt:

„Siehe, ich sende einen Engel vor dir her, damit er dich auf dem Weg bewahrt und dich an den Ort bringt, den ich für dich bereitet habe" (2. Mose 23,20).

Sonntraut Oßwald, Familienfrau, Jahrgang 1967, Aichwald

Die Speisung der 5.000

Es war Anfang des Jahres, als ich, damals 37 Jahre alt, aufgrund einer Schilddrüsenüberfunktion eine Autoimmunerkrankung mit chronischer Erschöpfung bekam. Ich hatte nur noch 40 bis 50 Prozent meiner Kraft. Monatelang hoffte ich vergeblich, dass ich mich wieder erholen könnte und meine Kräfte zurückkommen würden.

Ich war am Boden zerstört, versuchte alles Mögliche, jedoch ohne Erfolg.

Im selben Jahr wurde mein Mann 40 Jahre alt und wollte seinen Geburtstag groß feiern. Die ganze Familie, Kollegen, Freunde, Bekannte und Nachbarn waren eingeladen. Es wurde sogar ein Zelt gemietet und ich hatte keinerlei Energie mehr!

Keine Kraft, um das Essen vorzubereiten, Kuchen zu backen, beim Aufbau zu helfen etc. Es war für mich einfach nur furchtbar. Ich wusste, dass ich meine ganze Energie brauchen würde, um überhaupt am Fest teilnehmen zu können.

Verzweifelt schrie ich zu Gott und bat eindringlich und täglich um seine Hilfe. Ich wusste nicht, wie Gott helfen würde, und konnte es mir auch nicht vorstellen.

Unterdessen machten wir, mein Mann und ich, einen Plan: Das Fleisch für das Fest wollten wir in der nahe gelegenen

Gaststätte schon fertig zubereitet bestellen. Da ich nicht mal die Salate machen konnte, beschlossen wir, dass meine Mutter zwei große Schüsseln Kartoffelsalat zubereiten sollte. Dazu gab es dann nur noch Brot. Alles ganz einfach gehalten.

Es tat mir in der Seele weh, nicht aktiv mithelfen und ein tolles Büfett herrichten zu können. Eine große Verzweiflung kam über mich. Anhaltend bat ich Gott um seine Hilfe – wenigstens um genügend Kraft für diesen einen Tag.

Und dann geschah das Unfassbare: Alle Gäste, die eingeladen waren, riefen nacheinander und völlig unabhängig voneinander an und boten an, einen Salat oder Ähnliches mitzubringen. Ich wurde sogar auf der Straße und im Supermarkt angesprochen und gefragt, was ich noch brauchen könne. Es war einfach unglaublich!

Der Tag des großen Festes kam. Wir hatten genügend Helfer beim Aufbau und ich konnte mich ausreichend ausruhen, sodass ich am Abend genügend Kräfte und Durchhaltevermögen hatte.

Als die Gäste kamen, brachte ausnahmslos jeder etwas Leckeres mit. Man kann es sich kaum vorstellen, was für ein riesengroßes und buntes Büfett wir hatten! Es gab alles nur Erdenkliche, und das im Überfluss! Vieles sogar doppelt.

Als das Fest zu Ende war, konnte sogar jeder Gast noch etwas mit nach Hause nehmen. Es war ein Wunder, wie ich es bis dahin noch kaum erlebt hatte.

Und Gott trug mich mit all meiner Schwachheit durch diese Feier hindurch und ich hatte keinen Mangel! Dieses Erlebnis erinnerte mich an die in der Bibel beschriebene Speisung der 5.000. Auch damals waren noch genügend Fische und Brot übrig und jeder wurde satt.

Ich bin meinem Gott heute noch dankbar für dieses Wunder, von dem ich nicht mal zu träumen gewagt hatte.

Das Ganze ist nun mehr als 20 Jahre her. In der Zwischenzeit habe ich eine Krebserkrankung und vieles mehr mit Gottes Hilfe überstanden – trotz meiner chronischen Erschöpfung. Meine Kraft liegt nun nur noch bei etwa 30 Prozent einer normalen Leistungsfähigkeit und ein Leben ohne meinen Gott und Vater ist überhaupt nicht mehr vorstellbar. Doch immer wieder tut Gott Wunder, auch heute noch.

Margit Uebele, Zahnarzthelferin, Jahrgang 1960, Aspach

Gebt, so wird euch gegeben

Mein Vater wurde in der DDR politisch verfolgt und musste deshalb 1956 mit seiner sechsköpfigen Familie in die Bundesrepublik Deutschland flüchten. Als Schaufenstergestalter fand er Arbeit in einem Kaufhaus – allerdings nur, bis er krank wurde und daraufhin die Kündigung erhielt.

Alle Schaufenstergestalter von Memmingen überließen ihm ihre Schwarzarbeitsaufträge, sodass er in die nicht ganz leichte Selbstständigkeit starten konnte, wofür es damals noch keinerlei staatliche Förderung gab. Mir gefiel dieser abwechslungsreiche Beruf und ich erlernte ihn deshalb mit viel Freude bei meinem Vater.

Eine angemessene Vergütung als Lehrling meines Vaters war allerdings wegen der Armut unserer Familie nicht drin. Trotzdem war ich froh, schon 30 DM für eine eigene Trompete gespart zu haben, was damals nach meinem Empfinden viel Geld war.

An einem sommerlichen Sonntagabend fuhr unsere Familie zusammen mit Freunden durch die wunderschöne Allgäuer Landschaft zu einem ergreifenden Vortrag von Richard Wurmbrand, den der Gemeindepfarrer der evangelischen Kirche nach Isny eingeladen hatte.

Als dazu aufgerufen wurde, für verfolgte Christen Geld zu spenden, habe ich mit mir gerungen, ob ich die sauer verdienten 30 DM hergeben sollte oder nicht, da ich mir ja bald eine eigene Trompete kaufen wollte. Mir ist in meinem inneren „Hin und Her" der Vers aus Lukas 6,38 eingefallen, wo Jesus verspricht, dass Gott alles wieder zurückgibt, was man opfert. Also überwand ich mein Zögern und spendete mein ganzes Erspartes. Ein echtes Opfer. Ich sah nun auf einmal darin eine prima Gelegenheit, den Wahrheitsgehalt von Lukas 6,38 zu testen.

Daheim wieder im Alltag angekommen, wartete ich Tag für Tag gespannt auf die „Rückzahlung" Gottes. Sie kam schneller und ganz anders, als ich mir das vorstellen konnte. Wenige Tage nach dem Vortrag packte ich meine Leihtrompete samt Notentasche in unseren per Kredit erworbenen VW-Bus und fuhr zur Posaunenchorprobe.

Da ich noch Zeit hatte, fuhr ich langsam und erfreute mich am Anblick der schönen, mittelalterlichen Fachwerkhäuser, bis mir ein Mann mit ausgebreiteten Armen eine schmale Einbahnstraße versperrte, sich entschuldigte und mich fragte, ob er mit seinen sechs Freunden bis zum Lindauer Tor mitfahren dürfe. Hinter mir hupten bereits die nachfolgenden Autos und notgedrungen stimmte ich nach kurzem Zögern zu. Im Nu war mein Kleinbus voller Männer.

Nach ca. zwei Kilometern stiegen alle sieben dankbar aus. Der Anführer drückte mir hastig Geld in meine Hand, das ich – ohne es zu zählen – gleich in meiner Hosentasche verschwinden ließ, um schnell weiterfahren zu können und um die Geduld der nachfolgenden Autofahrer nicht zu sehr zu beanspruchen.

Als ich im Posaunenchor angekommen war, holte ich gespannt das Geld aus meiner Hosentasche und zählte 30 DM – exakt die Summe, die ich gespendet hatte.

Seit diesem Erlebnis habe ich keine Angst mehr, zu kurz zu kommen, wenn ich Gott etwas gebe. Inzwischen konnte ich mir ein Flügelhorn kaufen, das ich später dem Posaunenchor einer diakonischen Einrichtung spendete. Ich selbst kaufte mir ein Waldhorn, auf dem ich heute immer noch Gott lobe und preise für seine wunderbaren Taten und Führungen.

Klaus Oelschläger, Diakon und Heilpädagoge, Jahrgang 1944, Neuendettelsau

Gott im Religionsunterricht

Religionsstunde, Jahrgangsstufe 9. An diesem Tag war wieder einiges los gewesen in der Klasse. Eine Schülerin war auf das Pult geklettert, um die anderen Schüler und Schülerinnen anzustiften, die Religionsstunde zu boykottieren. Ich war total geschockt über diese Aktion. Nach dem Unterricht saß ich erschöpft hinter meinem Tisch und dachte: „Ich habe das falsche Studienfach gewählt. Gott, wie kann es sein, dass sich die Jugendlichen so respektlos im Religionsunterricht aufführen? Hilf mir, damit auch diese Jugendlichen deine Botschaft kapieren!" So betete ich zu Gott. Leider ging es noch einige Zeit so chaotisch weiter in dieser Klasse, bis ich eines Tages den Einfall hatte, mit den Jugendlichen nach draußen zu gehen, um mit Naturmaterialien Kunstobjekte zu gestalten. Zum Thema der Schöpfungsgeschichte stellten die Jugendlichen Kunstwerke zu den sieben Schöpfungstagen her. Während eines Rundgangs präsentierten alle Schülerinnen und Schüler ihre Kunstwerke der Klasse. Wow – das Experiment hatte geklappt! Der Unterricht konnte danach endlich wieder geregelter ablaufen. Diese Unterrichtseinheit war der Anfang einer spannenden Auseinandersetzung zwischen den Jugendlichen und ihren Glaubensüberzeugungen.

Ab da ging ich nämlich jedes Jahr mit den 9. Klassen nach draußen, um sie mit Naturmaterialien Kunstwerke gestalten zu lassen. Die Themen variierten, doch bald zeichnete sich ab, dass ein Thema unbedingt auf diese gestalterische Weise behandelt werden musste. In Zweier- und Dreiergruppen überlegten sich die Jugendlichen, was sie zur Frage „Wie stelle ich mir Gott vor?" darstellen könnten. Blätter, Steine, Blüten, Gräser, Wasser, Holz und vieles mehr fanden sich als Material am Seeufer, mit dem die Schülerinnen und Schüler ihre Objekte gestalten konnten. Einige fertigten ein Kreuz, andere ein Herz. Eine weitere Gruppe setzte eine Brücke aus Ästen und Hölzern zusammen. Beim anschließenden Rundgang erzählten sie ihren Klassenkameraden ihre tiefen Gedanken über ihren Glauben, wie zum Beispiel „Gott ist die Leiter zum Himmel". Oder „Gott ist die Liebe. Er trägt uns Menschen in seinem Herzen und mit jedem erlebten Tag kommen wir ihm ein Stück näher". Beim Zuhören bekam ich Gänsehaut. So ergreifend waren ihre Kunstwerke und Gedanken dazu.

Einige Jahre später gingen wir wieder zum See, um solche Naturbilder zu geistlichen Themen darzustellen. Dieses Mal war es allerdings etwas anders. Zwei Jugendliche saßen am Seeufer und diskutierten angeregt miteinander. Nach meinem Hinweis, dass auch sie etwas gestalten sollten, meinten sie ruhig, sie müssten sich erst noch entscheiden, was sie darstellen wollten. Da die beiden üblicherweise sehr engagiert im Religionsunterricht mitmachten, hatte ich große Erwartungen an sie. Kurz vor dem Ende der Kreativzeit ging ich noch einmal zu ihnen und erinnerte sie daran, dass sie nur noch wenige Minuten Zeit hätten. Als wir dann beim Rundgang zu ihrem Bild kamen, sah ich endlich ihr Werk: Ein Holzkreuz, auf einen Stein gelegt, und rundherum mit Gras, einigen gelben Herbstblättern und roten Beeren geschmückt. So schlicht und ganz anders als erwartet. Die Erklärung dazu war genauso schlicht wie das Kunstwerk selbst. Irgendwie war ich über diese Arbeit ein wenig enttäuscht.

Einige Jahre verstrichen. Die Jugendlichen wechselten. Doch die jeweilige 9. Jahrgangsstufe hatte in jedem Schuljahr diese Unterrichtseinheit am See. Da die Sammlung der Bilder jährlich wuchs, entstand plötzlich die Idee, diese Bilder und Gedanken in einer Ausstellung auch anderen Leuten zugänglich zu machen. Gedacht, getan.

Im Nachbardorf stellte eine Künstlerin ihr Ladenlokal zur Verfügung, um die Bilder auszustellen. Viele Religionsstunden wurden zur Vorbereitung der Ausstellung genutzt. Von der 5. bis zur 9. Klasse machten die Schüler und Schülerinnen bei den Vorbereitungen mit, da die Ausstellung etwas Besonderes werden sollte.

Zur Vernissage kam auch eine der Jugendlichen, die damals das schlichte Holzkreuz mit den Blättern gestaltet hatten, um den Besuchern und Besucherinnen die Unterrichtseinheit zu erläutern. Nach ihrer Erzählung fügte ich hinzu, dass ich sie damals beobachtet und mich gewundert hatte, weshalb sie so lange geredet hatten, ohne sich an die Arbeit zu machen … – und dass ich eigentlich größere Erwartungen an sie gehabt hätte als bloß ein kleines Kreuz aus zwei Ästchen. Zu meinem Erstaunen erzählte sie den Besuchern der Vernissage von dieser Begebenheit. „Meine Klassenkameradin und ich gingen zum damaligen Zeitpunkt schon zweieinhalb

Jahre in dieselbe Klasse. Doch wir hatten noch nie zuvor ein Wort miteinander gesprochen. An diesem Nachmittag, als wir am See saßen und diese Aufgabe miteinander bearbeiten sollten, hatten wir unser erstes tiefes Gespräch. Wir haben die Zeit total vergessen, sodass wir am Ende nur noch ein kleines Kreuz mit ein paar Blättern hinlegen konnten." Nachdem ich diese Erklärung auf dieser Vernissage gehört hatte, bekam das Bild eine ganz andere Bedeutung für mich. Gott hatte leise über all die Jahre gewirkt. Er hatte Türen geöffnet, Wege geebnet, Menschen zusammengeführt und sie sich gegenseitig geschenkt. Was seinen Ursprung in einer ausweglos erscheinenden Situation hatte, hat letztendlich großen Tiefgang hervorgebracht. Viele Menschen staunen noch heute über all die wundervollen Bilder meiner ehemaligen Schülerinnen und Schüler, die zeigen, wie Jugendliche über Gott denken und fühlen. Eine große Inspiration – auch für Erwachsene.

Bruno Durrer, Religionspädagoge, Jahrgang 1977, Seedorf (CH)

ANDI WEISS – sinnvoll.leben.
Mein Beratungsangebot

Neben meinen Konzertreisen liebe ich es, Menschen in der herausfordernden Vielfalt des Lebens zu begleiten. Viele Menschen wünschen sich in schwierigen Lebenssituationen Entlastung, Verständnis und Unterstützung. In der logotherapeutischen Beratung suchen wir gemeinsam Wege, mit Problemen verantwortungsvoll umzugehen und vorhandene Ressourcen und Stärken zu ergründen – aber auch Schwächen zu integrieren und Unveränderbares anzunehmen. Die Suche nach Sinn und Werten soll helfen, die Freude am Leben neu zu entdecken und den Alltag selbstständig und bewusst zu gestalten.

Als Coach und Logotherapeut berate und begleite ich nun schon seit vielen Jahren Menschen in Krisensituationen.

Die Logotherapie wurde von dem Wiener Arzt und Psychologen Viktor Frankl begründet. Sie ist – nicht zu verwechseln mit der Logopädie (Sprachheilkunde) – eine sinnzentrierte und an den Werten des Menschen ausgerichtete Form der Beratung. Frankl selbst sprach auch von „ärztlicher

Seelsorge". So wird die Logotherapie auch Sinnseelsorge genannt. **Die Beratungen finden in der Regel am Telefon statt. Auf Wunsch können die Sitzungen auch in meinem Münchner Büro stattfinden.** Immer öfter schenken Menschen anderen Menschen die Möglichkeit, mein Beratungsangebot wahrnehmen zu können. Vielleicht wollen Sie auch einem Menschen in Ihrer Umgebung etwas Gutes tun?

Weitere Infos zu meiner Musik, weiteren Büchern und zum Angebot der Lebensberatung finden Sie unter *www.andi-weiss.de.*

PS: Meine Suche nach Ihren Erlebnissen geht weiter. Haben Sie auch eine Geschichte erlebt, die Sie mit anderen Menschen teilen wollen? Dann schicken Sie Ihre Geschichte an *team@andi-weiss.de.* Herzlichen Dank!

In diesem Impulsbuch erwartet den Leser eine einfühlsame An- näherung an das Thema Trauer. Wohltuende Bilder, Impulse und Geschichten ermutigen, der eigenen Trauer liebevoll zu begegnen und neues Vertrauen in das Leben zu finden. Durch Persönliche Fragen und Antworten soll der praktische Umgang mit der eigenen Trauer aber auch der Umgang mit anderen Trauernden erleichtert werden.

Ein Buch zum Weiterdenken, Weitergehen und Weiterleben – TROTZ ALLEM!

140 Seiten mit kurzen Impulsen und Übungen im Instagramstil mit der hoffnungsvollen Botschaft:
„Auch Du wirst wieder zurück ins Leben finden!" – Ideal zum Selbstbehalten oder Verschenken.

EAN 4280000638021 · Gebunden · 140 Seiten

Der Verlag weist ausdrücklich darauf hin, dass im Text enthaltene externe Links vom Verlag nur bis zum Zeitpunkt der Buchveröffentlichung eingesehen werden konnten. Auf spätere Veränderungen hat der Verlag keinerlei Einfluss. Eine Haftung des Verlags für externe Links ist stets ausgeschlossen.

FSC
www.fsc.org
MIX
Papier aus verantwortungsvollen Quellen
FSC® C014496

© 2022 Gerth Medien in der SCM Verlagsgruppe GmbH,
Dillerberg 1, 35614 Asslar

1. Auflage 2022
Bestell-Nr. 817901
ISBN 978-3-95734-901-9

Umschlaggestaltung: Benita Penner unter Verwendung von Shutterstock
Satz: Apel Verlagsservice, Celle
Druck und Verarbeitung: GGP Media GmbH, Pößneck
Printed in Germany

www.gerth.de